À Anne, Alice et Claire.

INTRODUCTION

Vers la grande alternance ?

L'élection présidentielle de 2007 sera-t-elle d'une importance historique comparable à celle de 1981 ? Les socialistes qui défendent cette idée, comme François Hollande en août 2006, s'illusionnent peut-être sur son sens. Pariant sur le rejet de la droite sortante et sur la crainte qu'inspire Nicolas Sarkozy, ils anticipent une reconquête de l'Élysée, perdu il y a douze ans. L'optimisme du PS est fondé sur une simple observation statistique. Depuis vingt-cinq années, l'électorat désavoue systématiquement le camp au pouvoir à chaque élection décisive – présidentielle ou législative (hors scrutin joué dans la foulée de la compétition élyséenne). La France a ainsi changé de couleur politique en 1981, 1986, 1988, 1993, 1997 et 2002. La seule exception à cette règle des alternances est représentée par le scrutin présidentiel de 1995. Mais elle n'en est pas vraiment une si l'on songe que Jacques Chirac incarnait alors une forme d'alternative sociale au conservatisme du Premier ministre sortant Édouard Balladur.

L'histoire n'est pourtant pas condamnée à se répéter éternellement. Le 10 mai 1981 avait justement enterré la loi des séries voulant que la droite soit régulièrement reconduite au pouvoir depuis plus de vingt ans. Le 6 mai 2007 pourrait marquer une rupture avec la règle de l'essuie-glace – un coup à droite, un coup à gauche. Si Nicolas Sarkozy l'emportait, ce serait la première fois depuis un quart de siècle que la France confirmerait, et même accentuerait, un vote de droite antérieur. C'est tout de même un ministre sortant, et non le moindre, qui serait promu à l'Élysée. Et s'il s'est démarqué de Jacques Chirac, président à bout de souffle, c'est en le contestant sur sa droite. Un succès sarkozien annoncerait une « grande alternance », l'électorat donnant un deuxième coup de barre à droite après celui de 2002. Cette double victoire briserait la malédiction qui pèse sur des gouvernants persuadés d'être fatalement promis à un désaveu dans les urnes à la prochaine échéance.

La droite française en tirerait une rare position de force. Elle se sentirait plus libre que jamais de mettre en application une politique conforme à ses vues. Sous la présidence de Sarkozy, elle aurait une chance historique de remodeler la société selon les normes de la mondialisation libérale. Elle serait d'autant plus tentée de pousser son avantage que la gauche serait hors jeu. Sonnée d'avoir été défaite dans une bataille qu'elle abordait avec une naïve confiance, elle ne pourrait plus éviter les tourments de profondes remises en question. Le choc du 21 avril reviendrait en boomerang.

L'extraordinaire popularité de Ségolène Royal résistera-t-elle aux dures réalités du combat politique ? La gauche ne part pas, dans cette compétition, avec l'avantage qui lui est souvent attribué. Les sondages d'intentions de vote, qui indiquaient à la fin de l'année 2006 une égalité presque parfaite entre Royal et Sarkozy, ne disent pas tout. Les équilibres idéologiques de la société française penchent plutôt à droite. Le climat de peur et de défiance sociales n'est pas générateur de progressisme. La droite peut, plus naturellement que la gauche, profiter de la forte demande d'ordre et de protection. La candidate socialiste inscrit certes, elle aussi, sa campagne dans ce registre. Mais elle est contrainte de bousculer son propre camp. Le champion de l'UMP sera plus aisément porté par les réflexes conservateurs de l'opinion. Simultanément, il cherchera à capitaliser à son profit le mécontentement ambiant en promettant une « rupture ».

Variations sur la rupture

Arrachement, brisement, brouille, cassage, déchirure, désaccord, désunion, destruction, dispute, division, fracture : le moins qu'on puisse dire est que la « rupture » renvoie à des notions peu valorisantes [1]. C'est pourtant elle que Sarkozy a choisie comme thème fétiche pour sa précampagne. Le président de l'UMP a employé le terme pour la première fois devant l'université d'été de sa formation, en septembre 2005. « Je me souviens parfaitement de la tête consternée de nombre de mes amis et de certains de mes conseillers lorsque j'ai commencé à évoquer ce thème [2] », raconte-t-il. Sarkozy a longtemps ignoré les appels à la prudence de ceux qui le dissuadaient de recourir à un vocabulaire violent ou anxiogène. Car la rupture lui a permis d'envoyer plusieurs signaux à l'électorat.

La première fonction du vocable est de marquer sa différence avec Jacques Chirac et ceux qui l'entourent. Sarkozy a l'intuition qu'il ne peut être élu dans la continuité du président sortant. Le slogan de la rupture est destiné à prendre appui sur le désir de nouveauté. L'état d'esprit public est assez ambigu. D'un côté, l'opinion se méfie des promesses de bouleversement. Seulement 25 % des Français souhaitent que le prochain président de la République « instaure une rupture avec le fonctionnement actuel de la société française », 61 %

---

1. *Le Grand Robert de la langue française*, 2005.
2. Nicolas Sarkozy, *Témoignage*, XO Éditions, 2006.

11

préférant qu'il l'« aménage[1] ». D'un autre côté, selon la même enquête, l'opinion est séduite par ceux qui font miroiter un changement profond. Les personnalités qui leur semblent incarner le mieux cette fameuse rupture ne sont autres que, dans l'ordre, Nicolas Sarkozy puis Ségolène Royal, Jean-Marie Le Pen n'arrivant qu'en troisième position.

Quel sens précis Sarkozy donne-t-il à sa rupture ? Sur ce point, le candidat de la droite a beaucoup varié. La rupture promise a d'abord eu un contenu assez clairement libéral. Il s'agissait d'en finir avec les rigidités et les archaïsmes d'un « modèle social français » impitoyablement brocardé. Mais le puissant mouvement de protestation anti-CPE du printemps 2006 a confirmé la persistance de réactions antilibérales dans une large partie de l'opinion. La percée de Ségolène Royal, qui se pose en protectrice des Français face aux risques en tout genre, a également conduit le candidat de la droite à une forme de recentrage.

La rupture est devenue une simple « rupture avec la méthode » politique antérieure. Sarkozy a même astucieusement tenté d'enrôler le général de Gaulle sous sa bannière. « Homme de toutes les ruptures », le fondateur de la Vᵉ République « a toujours refusé la continuité, les conformismes, l'habitude, les situations acquises[2] », proclame le président de l'UMP le jour du 36ᵉ anniversaire de sa mort. Se prévalant d'un pragmatisme gaullien, Sarkozy présente le changement d'inspiration libérale qu'il préconise comme l'indispensable adaptation de la France à la modernité.

Un pas de plus dans l'adoucissement du vocabulaire sarkozien a été franchi lorsque le ministre de l'Intérieur a déclaré sa candidature au nom de la « rupture tranquille[3] ».

---

1. Enquête CSA-*Le Parisien-Aujourd'hui en France*, septembre 2006.
2. Discours à Saint-Étienne, 9 novembre 2006.
3. Interview donnée à la presse régionale, 30 novembre 2006.

Ces glissements de sens sont révélateurs de la contrainte stratégique qui pèse sur la droite. Elle sait devoir ruser avec une opinion qui est loin d'être convertie aux mérites de la purge libérale. « Si le débat se concentre entre libéralisme et antilibéralisme, on a perdu [1] », confesse Patrick Devedjian. Le patron de l'UMP est parfaitement conscient de la nécessité de déplacer les enjeux. Au cours de l'année 2006, il a négocié un virage social et national qui en a étonné plus d'un.

Virage social-national

Nicolas Sarkozy aime surprendre son monde. Pas question pour lui de se laisser enfermer dans une caricature droitière. À partir du printemps 2006, il s'est employé à corriger son image par une série de discours destinés à frapper les esprits. L'opération commence à Douai le 27 mars. Le chef de l'UMP proclame toujours « l'échec de notre modèle social », mais il rode une nouvelle argumentation : « C'est par le changement que les Français obtiendront la sécurité contre les risques de notre temps. » Ce faisant, Sarkozy tente audacieusement de mettre la rupture au service de la protection : « C'est le changement qui nous protégera, c'est l'immobilisme qui est destructeur. »

Le candidat de la droite reprend, avec un vocabulaire étonnamment proche, des analyses formulées un an auparavant par le secrétaire général de la CFDT, François Chérèque : « Dans les sociétés et les économies modernes, c'est-à-dire ouvertes, c'est l'immobilisme qui tue. Si nous voulons sécuriser l'avenir, il faut nous remettre en mouve-

---

1. Philippe Ridet, « Nicolas Sarkozy cherche la synthèse entre rupture libérale et volontarisme gaullien », *Le Monde*, 27 juin 2006.

ment[1]. » Pour faire bonne mesure, il propose, dans le même discours, d'instituer une « sécurité sociale professionnelle », s'inspirant en cela d'une vieille idée de la CGT. À une époque où les socialistes n'écoutent guère les syndicats de salariés, le président de l'UMP réussit le tour de force de leur emprunter certaines de leurs analyses. « Nous avons besoin d'un État fort et légitime pour conduire le changement », affirme-t-il encore pour mieux démentir sa réputation de libéral partisan d'un État réduit à ses fonctions régaliennes.

Le nouveau Sarkozy frappe un second coup à Nîmes le 9 mai 2006. Quelque temps après avoir rencontré l'écrivain Max Gallo, il prononce un véritable hymne à la France et proclame la « fierté d'être français[2] ». La petite musique nationale est ensuite complétée par le discours d'Agen du 22 juin qui a tant peiné les esprits libéraux de l'UMP. Cette fois-ci, inspiré par l'ancien séguiniste Henri Guaino, Sarkozy ne se contente pas de vanter l'« identité française ». Il met en cause « les politiques de monnaie forte et de surévaluation du change qui profitent à la rente et pénalisent l'activité », et propose un changement du statut et des objectifs de la Banque centrale européenne. Souhaitant « l'augmentation du pouvoir d'achat », il stigmatise en outre « le patron voyou qui déménage son usine la nuit ».

L'habit de campagne du candidat de l'UMP se pare enfin d'une défense et d'une illustration de la République, le 12 octobre 2006, à Périgueux. Au nom de la « nation », Sarkozy fustige le « communautarisme ». À l'étonnement de son auditoire, il prend la défense des fonctionnaires, qu'il

---

1. François Chérèque, *Réformiste et impatient !*, Seuil, 2005. Ressemblance repérée par le blogueur Koz : http://koztoujours.free.fr/index.php/2006/03/28/sarkozy-reformiste-et-impatient/.

2. Max Gallo a publié chez Fayard en février 2006 un essai intitulé *Fier d'être français*.

serait « injuste » de faire passer « pour des privilégiés ». Emporté par son volontarisme, le candidat lance l'idée de « droits nouveaux » que les citoyens pourraient faire valoir « devant les tribunaux » face aux pouvoirs publics : droit à l'hébergement, droit de faire garder ses enfants, droit à la prise en charge de la dépendance des personnes âgées... On est bien loin de l'ultralibéralisme.

La nouvelle tonalité de la prose sarkozienne a donné du fil à retordre aux rédacteurs du projet de l'UMP. Il leur a fallu trouver un point d'équilibre entre les orientations libérales et les prudences sociales. Le texte du « Contrat de législature 2007-2012 », adopté le 16 novembre, est ainsi moins audacieux que certains discours antérieurs du président de l'UMP. La « règle du non-remplacement d'au moins un fonctionnaire sur deux qui part à la retraite[1] », autrefois brandie par Sarkozy, a disparu. La volonté de réduire l'endettement public a eu raison de tout engagement en faveur d'une baisse des impôts directs. L'ISF (impôt de solidarité sur la fortune) est simplement promis à un toilettage avec l'exonération envisagée de tout ou partie de la résidence principale. Contrairement à ce qu'auraient souhaité les libéraux de l'UMP, la durée légale du travail n'est pas modifiée.

Les villepinistes ont eu beau jeu de se moquer de ces frilosités. « Pourquoi inquiéter par la rupture si c'est pour rompre si peu ? » s'est demandé le député Hervé Mariton. Il n'est pas interdit d'être habile, répliquent en quelque sorte les sarkoziens. « C'est un compromis entre l'interventionnisme et le libéralisme qui ne me pose aucun problème », plaide Patrick Devedjian. Le député UMP ajoute en souriant que « le libéralisme est un humanisme[2] ».

---

1. Discours devant la convention UMP sur l'économie, 7 septembre 2005.
2. Charles Jaigu, « 2007 : l'UMP détaille sa feuille de route », *Le Figaro*, 14 novembre 2006.

L'art du compromis prend l'allure d'un exercice d'acrobatie lorsque le candidat de la droite cherche à préciser sa vision de la mondialisation, le 9 novembre 2006, à Saint-Étienne. Le projet de discours très critique rédigé par Guaino ayant été jugé « trop catastrophiste » par Claude Guéant, le sage directeur de cabinet du ministre de l'Intérieur[1], Sarkozy tente de marier l'eau et le feu. Il célèbre la mondialisation comme un « mouvement incontournable, puissant, définitif, d'ouverture et d'interdépendance des économies et des sociétés à l'échelle de l'humanité tout entière ». En même temps, se refusant à « toute présentation idyllique de la mondialisation », il insiste sur son cortège d'effets négatifs : progression de la précarité, dégradation des conditions de travail, creusement des inégalités et montée de la violence, « dumping économique, social, environnemental et monétaire effréné[2] ».

Les faiblesses sociales de Sarkozy ne sont pas du goût de l'aile la plus libérale de la majorité. Alain Madelin a démoli le projet de l'UMP : « La fiscalité écologique, les droits opposables, la préférence communautaire, ce sont des plaisanteries de garçon de bains. Je n'ai rien vu sur la réforme fiscale, rien sur le code du travail. Tout est basé sur la peur de l'immigration et de la mondialisation. » L'ancien chef de file des libéraux français ne reconnaît plus l'homme avec qui il avait fait équipe au cours de la campagne européenne de 1999. « J'ai connu un Sarkozy libéral, c'était il y a vingt ans[3] », lâche-t-il avec une bonne dose d'exagération.

Édouard Balladur fut, lui aussi, irrité par les écarts de son disciple. L'ancien Premier ministre n'a pas apprécié la

---

1. Philippe Ridet, « Henri Guaino plume de la République », *Le Monde*, 20 novembre 2006.
2. Discours à Saint-Étienne, 9 novembre 2006.
3. Philippe Ridet, « M. Madelin : "Sarkozy libéral ? C'était il y a vingt ans" », *Le Monde*, 24 novembre 2006.

critique des politiques monétaires développée à Agen par Sarkozy. « Laissons donc "l'autre politique" au vestiaire des idées mortes », a-t-il sermonné dans une tribune publiée par *Le Monde*. Et d'inviter fermement son ancien porte-parole à ne pas perdre de vue le cap libéral. Au lieu de vouloir desserrer les contraintes extérieures, il faudrait plutôt être capable « de réformer l'État, de diminuer les dépenses collectives et les excès de la redistribution, de récompenser le mérite, ce qui suppose d'abaisser les prélèvements publics et de pousser à l'augmentation des revenus directs, de réformer le marché du travail pour le rendre plus souple, de développer la rapidité de nos capacités de réaction dans la compétition mondiale, de réformer notre système de santé, d'améliorer les résultats de nos universités en leur donnant l'autonomie[1] ». Tout un programme. Balladur espère toujours que Sarkozy le fera sien. Surmontant son irritation, l'ancien candidat à la présidence de la République a depuis assuré le chef de l'UMP de son soutien au nom de la « rupture » et du « libéralisme populaire[2] ».

Balladur se trompe-t-il plus que Madelin ? Rien n'est moins sûr. La prose « sociale-nationale » de Sarkozy ne l'empêche pas de maintenir l'essentiel de ses orientations. Il s'agit davantage d'une inflexion du discours que d'un véritable virage politique. Le candidat de la droite ne retranche pas grand-chose à ses propositions. Il les complète par une présentation plus attrayante. Ses envolées « sociales » ne lui interdisent pas de continuer à pester contre l'assistanat et l'égalitarisme en répétant sans se lasser que l'essentiel est de « travailler plus pour gagner plus ».

---

1. Édouard Balladur, « Laissez de Gaulle en paix ! », *Le Monde*, 6 juillet 2006.

2. Édouard Balladur, « Oui, la rupture est nécessaire », propos recueillis par Alexis Brezet et Charles Jaigu, *Le Figaro*, 7 septembre 2006.

Sarkozy n'a pas remisé au placard les principales mesures d'inspiration libérale qu'il a égrenées au cours de la précampagne. Il souhaite toujours exonérer de charges sociales les heures supplémentaires, aller vers un contrat de travail unique, supprimer la carte scolaire ou encore abolir les droits de succession pour la quasi-totalité des patrimoines. Toute sa philosophie tient en une phrase : « L'argent n'est que la récompense légitime d'un surcroît de travail ou d'une prise de risques [1]. » Parions que, une fois le terrain dégagé dans son camp, Sarkozy saura retrouver une cohérence idéologique plus facilement que Royal. La candidate socialiste risque d'être tiraillée entre des influences et des aspirations contradictoires. Mieux assuré de ses fondamentaux que sa rivale de gauche, le patron de l'UMP pourra s'autoriser quelques incursions réfléchies et calculées sur le terrain de l'adversaire.

Un nouveau Chirac ?

La plasticité du discours sarkozien lui a valu d'être comparé de manière insistante à Jacques Chirac. À part Max Gallo, bien peu de gens prennent au sérieux la posture gaullienne du candidat de l'UMP. Ne copierait-il pas plutôt l'actuel président de la République ? Après tout, celui-ci a déjà expérimenté le grand écart entre libéralisme et gaullisme au cours de sa campagne de 1995. Le candidat Chirac était, à l'époque, épaulé par l'improbable duo que formaient Alain Madelin et Philippe Séguin. Il savait faire pleurer dans les chaumières en dissertant sur la « fracture sociale » tout en promettant une baisse de 33 % de l'impôt sur le revenu...

---

1. Nicolas Sarkozy, *Témoignage*, *op. cit.*

Le Chirac de 1995 et le Sarkozy de 2007 ont au moins un point en commun : l'habillage progressiste de leur propos ne doit pas masquer son contenu droitier. L'actuel président n'a pas attendu un an après son élection pour se rallier à l'orthodoxie économique prônée par Alain Juppé. La vérité du candidat de l'UMP est certainement plus proche des convictions d'Hervé Novelli que des rêveries d'Henri Guaino. Ses envolées nationales et sociales ont une dimension tactique évidente. Sarkozy sait qu'il ne peut être élu en étant ouvertement un candidat libéral et atlantiste. Le risque existe puisque, pour 49 % des Français, il est considéré comme « plutôt un libéral », seulement 17 % le jugeant plutôt « gaulliste [1] ». Confronté à la stratégie de la triangulation adoptée par Royal, il cherche lui aussi à s'emparer de certains thèmes du camp opposé. Le jeu politico-médiatique impose d'être là où on ne vous attend pas. Enfin, l'inflexion paragaulliste du discours sarkozien a rendu plus difficile l'émergence de candidatures alternatives à la sienne au sein même de la majorité.

Il serait toutefois aventureux de considérer Sarkozy comme une girouette. À l'image de Chirac, il sait pratiquer la trahison et jouer de trompeuses apparences. Mais ces ressemblances ne doivent pas masquer plusieurs différences majeures. Chirac, souligne Sarkozy, « rechigne depuis longtemps à se réclamer de la droite républicaine ». Or cette étiquette ne « gêne nullement [2] » le patron de l'UMP. De tempérament radical-socialiste, le chef de l'État est idéologiquement plus indéterminé que l'ancien maire de Neuilly-sur-Seine. Chirac est d'abord opportuniste, Sarkozy est surtout de droite.

Le président et le ministre de l'Intérieur se distinguent

1. Enquête TNS-Sofres-*Figaro magazine*, juin 2006.
2. Nicolas Sarkozy, *Témoignage, op. cit.*

aussi par leur rapport aux idées. Chirac, remarque encore Sarkozy, « croit davantage à la qualité des hommes qu'à la force des projets ». Un trait qu'il partageait avec François Mitterrand. Le candidat de l'UMP, lui, parie sur la « modernité des idées [1] ». Sans être le moins du monde un idéologue, il est convaincu de la force d'entraînement des propositions. Tout aussi différent est le rapport des deux hommes à la politique. Bête de campagne, Chirac aime surtout la conquête du pouvoir. Comme Mitterrand, son exercice l'ennuie un peu. Si Sarkozy apprécie l'odeur de poudre des campagnes électorales, son activisme se déploie pleinement dans la décision politique.

« La raison du pouvoir est d'agir, pas de durer », avertit encore le patron de l'UMP en contrepoint à l'attitude du chef de l'État sortant. On aurait peut-être tort de ne pas le prendre au sérieux lorsqu'il assure : « Ce qui m'intéresse est la modernisation de notre pays [2]. » Et s'il nourrissait réellement le projet de changer la France ? « Nous n'avons pas bâclé notre programme pour la simple et très bonne raison que nous voulons l'appliquer [3] », prévient François Fillon. Les réformes institutionnelles préconisées par le candidat de la droite sont révélatrices de son intention de tenir lui-même les manettes de l'État. Sous sa présidence, le Premier ministre serait ravalé au rang de simple coordinateur d'un commando de quinze ministres. Lui-même s'engagerait clairement sur sa politique et s'expliquerait personnellement devant le Parlement.

Le nouveau président n'appliquerait assurément pas une politique « ultralibérale ». Sarkozy est suffisamment sensible aux rapports de forces pour ne pas céder à un quel-

1. *Ibid.*
2. *Ibid.*
3. Discours devant le conseil national de l'UMP, 16 novembre 2006.

conque maximalisme. Son libéralisme économique est, au demeurant, tempéré à la fois par un certain autoritarisme politique et par ses penchants interventionnistes. Ce libéral croit au rôle de l'État. Il « assume » l'étiquette d'« interventionniste » s'il s'agit d'« éviter une perte de substance industrielle » au pays. Le candidat de l'UMP n'hésite pas à proposer que « l'État sélectionne une dizaine de secteurs majeurs comme l'énergie, la pharmacie, les communications, etc., et qu'il mette le paquet pour les développer et en faire des champions ». « On a besoin – et c'est le libéral que je suis qui le dit – d'un instrument financier public pour des prises de participation dans les entreprises stratégiques [1] », précise-t-il.

Sarkozy n'en aurait pas moins les coudées franches pour imposer au pays toute une série de réformes d'inspiration libérale, en matière de législation du travail, de protection sociale ou de fiscalité. Il ne se limiterait sans doute pas à impulser quelques changements spectaculaires dans les cent premiers jours de son mandat. Sa stratégie serait plutôt d'enclencher une dynamique en lançant simultanément plusieurs chantiers. Sonnée par sa défaite imprévue, la gauche serait incapable de s'opposer à une droite offensive qui aurait enfin réussi la grande alternance.

Une mutation historique

Une victoire de Sarkozy, puis de l'UMP, en 2007 marquerait sans doute une étape historique majeure. Pour la première fois, une droite d'inspiration clairement libérale aurait devant elle cinq années pour appliquer son programme. Elle ne s'en priverait certainement pas, profitant

---

1. Interview aux *Échos*, 9 novembre 2006.

d'un contexte porteur. Car son projet s'inscrit dans des évolutions sociologiques et idéologiques touchant les sociétés occidentales favorables à ses valeurs. Le présent ouvrage entend pointer certains éléments de cette droitisation, qui n'épargne pas la France.

Nous commencerons par resituer les mutations de la droite française dans une perspective historique. Car elle revient de loin. Portant le péché originel de son opposition à la Révolution, le camp conservateur a longtemps été victime d'un complexe d'infériorité. La droite était honteuse et se laissait facilement culpabiliser par la gauche. Tout cela a changé dans les dernières décennies. La droite s'est progressivement affirmée par elle-même. Se dépouillant de l'héritage gaulliste, elle est insensiblement passée sous hégémonie libérale. Jacques Chirac a joué un rôle dans cette conversion, mais c'est Nicolas Sarkozy qui l'a portée jusqu'à son terme. On verra que le candidat de l'UMP a réussi à être le fédérateur de son camp en synthétisant les héritages des trois droites françaises (légitimiste, orléaniste et bonapartiste) distinguées par l'historien René Rémond.

On mettra aussi ces évolutions en relation avec les nouveaux équilibres idéologiques d'un monde occidental entraîné par la révolution néolibérale. Le discours sarkozien s'éclaire à la lumière des expériences de la droite américaine. Le candidat de la droite s'en inspire lorsqu'il mêle libéralisme économique et autoritarisme sociétal, ou encore dans sa manière de se saisir de la question religieuse. Des deux côtés de l'Atlantique, les droites s'attachent à séduire des catégories populaires aux prises avec de multiples insécurités. Elles marquent des points dans les milieux intellectuels, où la pensée de gauche est en crise profonde. Le conservatisme profite également du pessimisme qui considère comme naturelles les inégalités sociales. On s'interrogera enfin sur l'inversion du rapport à la nation d'une droite française essentiellement convertie aux thèses mondialistes.

Mais la droitisation des pays riches balaie la totalité du spectre politique. Nombre d'idées propres à la droite ont pénétré ses adversaires historiques. Les gauches occidentales sont engagées depuis plusieurs années dans un recentrage spectaculaire. C'est désormais la gauche et non la droite qui n'a plus confiance en elle-même. S'inscrivant dans le cadre mental du camp opposé, elle peine à marier ses anciennes valeurs avec des choix politiques contraints. Le PS n'est pas imperméable à ces évolutions, comme en témoigne l'investiture de Ségolène Royal. Dans sa tentative de reconquête des couches populaires, celle-ci a multiplié les clins d'œil à droite. Il est vrai que la France ne s'est toujours pas remise du traumatisme du 21 avril 2002. L'extrême droite continue à focaliser l'attention de l'ensemble des forces politiques. C'est une France à droite comme rarement elle l'a été qui risque de sortir des urnes au printemps 2007.

CHAPITRE 1

La droite maudite

La droite a mal à son patronyme. Elle souffre historiquement de son nom. Comme si cette étiquette était trop lourde à porter. Tandis que la « gauche » s'affiche, la « droite » se terre. Surprenant phénomène si l'on songe à la symbolique des deux termes. « Il n'est pas de culture qui n'oppose la droite à la gauche, pour donner généralement à la première la prééminence sur la seconde », rappelle Jean-Claude Schmitt. La place des justes est à la droite de Dieu. On écrit généralement de la main droite. Mieux vaut être adroit que gauche. À n'en pas douter, la droiture est une qualité de caractère. *You're right*, disent les anglophones pour signifier que l'interlocuteur a raison. « La gauche est le côté maléfique », relève Schmitt. À l'image de Judas, ajoute-t-il, les gauchers ont longtemps été fort « mal vus[1] ».

En réalité, la gauche n'a pas vraiment choisi sa place. On date habituellement du 28 août 1789 l'événement fondateur de cette topographie politique. Ce jour-là, l'Assemblée nationale constituante se prononce pour ou contre le veto royal. Les partisans se rangent à la droite du président et les adversaires à sa gauche. Ce n'est cependant pas la toute première fois que la géographie de l'Assemblée prend une

---

1. Jean-Claude Schmitt, « À la droite du père », in *La Droite depuis 1789. Les hommes, les idées, les réseaux* (coll.), Seuil, 1995.

coloration politique. « Dans les premiers jours de juin, en effet, le processus est enclenché par le rapprochement de quelques nobles et du bas clergé avec le tiers état et leur installation à la gauche de la salle, tandis qu'à sa droite se place le reste du clergé et la noblesse [1] », racontent Jean-François Sirinelli et Éric Vigne. À l'origine, le camp de la tradition et des privilèges s'est arrogé le côté droit de l'Assemblée, laissant les contestataires de l'époque occuper son flanc gauche.

Pour son malheur ultérieur, la droite prend une place destinée à être condamnée par le cours de l'histoire. Son péché originel est d'avoir alors défendu, autant qu'elle l'a pu et par diverses stratégies, l'ordre ancien. La gauche tire historiquement sa gloire du mouvement révolutionnaire qu'elle a impulsé. « L'homme de gauche, par le prestige de son origine, bénéficie d'un privilège [2] », souligne André Siegfried. À l'inverse, la droite a longtemps traîné comme un boulet son rejet initial de la Révolution française, y gagnant une persistante et encombrante réputation « réactionnaire ». Le rapport à l'histoire handicape structurellement la droite. Celle-ci est « fondamentalement rebelle à l'idée de progrès [3] », comme le souligne Alain de Benoist. Son opposition au mouvement du monde, plus ou moins vaine selon les époques, lui procurera un vif complexe d'infériorité.

Ce lourd pedigree explique pourquoi la droite a long-

---

1. Jean-François Sirinelli et Éric Vigne, « Des droites et du politique », in Jean-François Sirinelli (dir.), *Histoire des droites en France*, vol. 1 : *Politique*, Gallimard, 1992.

2. Cité dans François Goguel et Alfred Grosser, *La Politique en France*, Armand Colin, 1984.

3. Alain de Benoist, « La droite et le progrès », in Arnaud Guyot-Jeannin (dir.), *Aux sources de la droite. Pour en finir avec les clichés*, L'Âge d'homme, 2000.

temps été dominée par la problématique de ses adversaires. Contrainte d'accepter les acquis révolutionnaires, elle se caractérise, nous dit Alain-Gérard Slama, par l'« esprit de récupération ». La droite encaisse les changements accomplis, souvent contre son gré. Son ambition se limite à freiner un cours de l'histoire inexorablement hostile à ses valeurs. « Devenue honteuse », ajoute Slama, la droite est obligée de s'inscrire « dans le cadre intellectuel triomphant » de la gauche. Elle est essentiellement une contre-pensée. Pour ces raisons, en France, contrairement à ce qui se passe dans d'autres pays, la droite « règne masquée[1] ». Joseph Barthélemy, un professeur de droit conservateur, expliquait ironiquement à ses élèves qu'« un républicain de gauche est un homme du centre que les malheurs du temps obligent à siéger à droite[2] ».

La politique française a longtemps vécu sous l'emprise d'un puissant « sinistrisme », pour reprendre le néologisme inventé par l'essayiste Albert Thibaudet. Entendons par là non seulement que chacun a tendance à se prétendre plus « à gauche » qu'il ne l'est réellement, mais aussi que les forces politiques elles-mêmes sont perpétuellement bousculées sur leur gauche. La plupart des droites, on le verra, peuvent être considérées comme d'anciennes gauches. C'est à gauche que naissent sans cesse les forces nouvelles. Sont ainsi apparus, dans l'ordre chronologique, les républicains, les radicaux, les socialistes et enfin les communistes. Ce phénomène a pour conséquence de repousser mécaniquement à droite des forces autrefois situées à gauche. La droite s'en consolera en se disant qu'elle est finalement l'avenir

---

1. Alain-Gérard Slama, *Les Chasseurs d'absolu. Genèse de la gauche et de la droite*, Grasset, 1980.
2. François Goguel et Alfred Grosser, *La Politique en France*, *op. cit.*

de la gauche, ce qui lui assure un destin garanti. Encore lui faut-il alors accepter le sort peu enviable qui consiste à incarner les forces vives du passé...

Par son héritage, la droite souffre aussi de sa réputation de défense des privilégiés. Une tare de poids dans une nation aussi passionnément égalitaire que la France. André Siegfried suggérait une définition très simple de la droite, uniquement fondée sur ses soutiens sociologiques : « Appartient à la coalition de droite tout ce qui s'appuie directement ou indirectement sur l'église et le château[1]. » La droite n'est pas uniquement le parti de la réaction qui rêve d'une machine à remonter le temps. C'est aussi celui des possédants au cours des âges, de l'aristocratie d'hier à la bourgeoisie d'aujourd'hui.

Dans l'imaginaire national, la droite occupe ainsi une position particulière. Elle devient « une catégorie *métaphysique*, d'essence réactionnaire, induisant une complicité inavouable avec le privilège[2] ». La droite n'a pas d'idées, elle n'a que des intérêts, a-t-on longtemps répété. Et comme ces intérêts ne sont pas précisément ceux du plus grand nombre, elle est condamnée à la dissimulation et à la ruse.

Pour toutes ces raisons, il a rarement été facile de se proclamer « de droite » en France. D'autant que l'histoire des deux derniers siècles n'a pas réservé que d'heureuses surprises à ce camp, loin s'en faut.

---

1. Jean-François Sirinelli et Éric Vigne, « Des droites et du politique », art. cité.
2. Michel Winock, « Généalogie des droites (1789-1939) », in *La Droite depuis 1789. Les hommes, les idées, les réseaux*, op. cit.

Traumatisme révolutionnaire

La première droite se définit contre la Révolution française. La mère des droites s'inscrit en rupture avec ce qui fonde la République. René Rémond insiste sur ce point dans sa célèbre histoire de la droite française[1], où il distingue ses trois grandes familles : légitimiste, orléaniste et bonapartiste. « Une seule était née à droite, observe l'historien, les autres étaient nées à gauche avant d'enjamber la ligne qui sépare droite et gauche[2]. » La droite antirévolutionnaire est assurément la matrice de toutes les droites. Le cours de la Révolution l'a cependant très vite marginalisée, puis carrément expulsée. La « droite monarchienne » n'a guère survécu au-delà de la Convention de 1792[3]. Largement émigrée, elle est destinée à vivre hors de la nation républicaine.

Ce clivage fondateur sera lourd de conséquences : la droite est née de sa condamnation de la Révolution. Dès 1797, le comte Joseph de Maistre, l'auteur le plus influent de la pensée réactionnaire de l'époque, n'y va pas par quatre chemins pour dénoncer le « caractère satanique » d'une révolution assimilée à une « insurrection contre Dieu[4] ». L'hostilité profonde à la geste révolutionnaire marquera durablement l'idéologie de droite. Au cours de la célébration du premier centenaire de la Révolution, en 1889, rappelle Rémond, « la droite se trouva [...] unanime dans la

---

1. René Rémond, *Les Droites en France*, Aubier, 1982.
2. René Rémond, *Les Droites aujourd'hui*, Audibert, 2005.
3. Michel Denis, « 1815-1848. Que faire de la Révolution française ? », *in* Jean-François Sirinelli (dir.), *Histoire des droites en France*, vol. 1 : *Politique, op. cit.*
4. Cité par François Huguenin, *Le Conservatisme impossible*, La Table ronde, 2006.

condamnation de l'esprit révolutionnaire [1] ». Un siècle après 1789, le clivage persistait.

Plusieurs droites vont certes se distinguer par leur manière de s'opposer à la Révolution. Au rejet radical par les uns répondra l'acceptation résignée de ses acquis par les autres. Mais le « tempérament » de droite, selon la notion chère à François Goguel, se retrouve autour d'un « ordre naturel » fâcheusement troublé par le volontarisme révolutionnaire. Pour Joseph de Maistre, rappelle François Huguenin, « la Révolution est la marque d'une volonté de l'Homme de s'affranchir de la loi divine par la ruine de toute autorité [2] ». Alain-Gérard Slama insiste également sur le « déterminisme de l'ordre naturel » logé au cœur de la vision droitière du monde. « Le critère déterminant du tempérament de droite, affirme-t-il, est l'attitude déréistique, qui fonde la certitude d'une harmonie préétablie, d'un souffle animant uniformément l'univers. » L'homme de droite cherche à « se fondre le plus complètement possible dans la nature ». Cette mentalité peut s'enraciner dans une superstition de type païen ou dans une religiosité catholique. Le respect pour l'ordre établi, tenu pour intangible parce que naturel, et la méfiance corrélative envers la volonté humaine de changer le cours des choses constituent le soubassement de la pensée de droite. « Chacun sa place, chacun son métier, chacun son rang », résume Slama. Alors que la gauche professe une conception conflictuelle de la société, la droite partage une vision coopérative qui naturalise les différences : « À droite, l'organicisme est investi d'une mission sacralisatrice des inégalités sociales : on ne met pas sur le même plan le cerveau et la main [3]. »

1. René Rémond, *Les Droites aujourd'hui*, op. cit.
2. François Huguenin, *Le Conservatisme impossible*, op. cit.
3. Alain-Gérard Slama, *Les Chasseurs d'absolu*, op. cit.

Le cœur de l'identité de droite se laisse ici apercevoir : « La société est-elle une production des hommes ou l'œuvre de Dieu ? » Jean-François Sirinelli et Éric Vigne déclinent encore autrement cette interrogation décisive : « L'homme existe-t-il comme abstraction universelle ou comme individu particularisé par l'histoire et le milieu ? » Ou aussi : « Les solidarités essentielles sont-elles communautaires et emboî-tées dans une construction hiérarchisée ou horizontales et égalitaires [1] ? » Ce n'est pas sans raisons très profondes que le rapport à la religion a si longtemps structuré le peuple de droite. Les schémas mentaux issus de cette conception verticale et fataliste du monde ont survécu à la baisse de la pratique religieuse. Malgré une déchristianisation massive, la carte électorale du conservatisme garde, même de nos jours, l'empreinte des zones de force du catholicisme.

Ces traces ne sont pas seulement l'héritage des violentes attaques menées contre l'Église par la Révolution. Elles rap-pellent que la gauche naissante a développé une philosophie foncièrement antagoniste de la vision traditionnelle et reli-gieuse du monde. Adossée à celle-ci, la droite était condam-née à entrer en conflit avec la modernité. Son socle culturel fut frappé de plein fouet par l'affaissement des croyances religieuses et l'érosion des traditions. L'histoire du rapport au pouvoir des droites françaises ne pouvait qu'être mar-quée du sceau de l'inconfort.

Droites antirépublicaines

Les trois droites chères à René Rémond ont en commun d'être originairement antirépublicaines. « Droite intégrale »,

---

1. Jean-François Sirinelli et Éric Vigne, « Des droites et du politi-que », art. cité.

la droite légitimiste rejette en bloc la Révolution et le régime qui en est issu. La deuxième droite, dite orléaniste, accepte l'événement révolutionnaire mais cherche à instaurer une monarchie constitutionnelle. La droite bonapartiste, enfin, fonde des empires après s'être posée en héritière des acquis républicains. Ces trois droites ont successivement exercé le pouvoir au XIXe siècle. À chaque fois, leur règne a mal fini.

La droite réactionnaire domine la Restauration (1814-1830). Le retour au pouvoir des Bourbons marque le triomphe de la contre-révolution. De cette droite légitimiste, Rémond dit qu'« elle est tradition faite système [1] ». Les monarchistes ultras imposent leurs vues pendant le règne de Charles X (1824-1830). Pour Louis de Bonald, influent penseur du régime, la Révolution française n'est rien d'autre que « le mal élevé à sa plus haute puissance ». Les actes suivent ces fortes paroles. La « loi du sacrilège » prévoit ainsi la peine infligée au parricide (poignet coupé avant la mise à mort) pour les profanateurs d'hosties suspectés d'agir « en haine de la religion [2] ». C'est le triomphe des ultras, qui ne jurent que par le roi et par Dieu.

La droite réactionnaire mécontente tant de monde qu'elle est renversée par la révolution libérale de 1830. Elle perdra ensuite lentement mais sûrement de son influence politique ; toutefois, sa cohérence idéologique lui permettra de conserver une place de choix au sein de la réflexion de droite. « La domination intellectuelle de la pensée réactionnaire est une spécificité française que l'on ne rencontre nulle part ailleurs [3] », observe Huguenin. Le royaliste Charles Maurras sera le dernier idéologue à tenter de projeter ce courant de

---

1. René Rémond, *Les Droites en France*, op. cit.
2. Michel Winock, « Généalogie des droites (1789-1939) », art. cité.
3. François Huguenin, *Le Conservatisme impossible*, op. cit.

pensée dans la modernité. La droite légitimiste pèsera ainsi sur le conservatisme français jusqu'au milieu du xxe siècle si l'on accepte, avec Rémond, d'inscrire la collaboration dans la filiation de cette tradition plutôt que dans celle de la « droite révolutionnaire[1] » définie par Zeev Sternhell. Encore plus près de nous, le lepénisme a recyclé certains des thèmes de cette première droite.

Infiniment plus pragmatique, la deuxième droite s'épanouit sous la monarchie de Juillet. Les « orléanistes » se rangent derrière le « roi des Français » Louis-Philippe, issu de la branche cadette des Bourbons, celle d'Orléans. Héritière des monarchiens des débuts de la Révolution, cette droite « associe indissolublement libéralisme et conservation[2] ». Elle est aussi respectueuse de l'« ordre naturel » que la précédente. Par réalisme, elle accepte cependant 1789 et réprouve les excès de la Restauration. Ces monarchistes-là arborent significativement le drapeau tricolore.

Les orléanistes n'en penchent pas moins très nettement à droite. « Leur préoccupation constante se ramène à maintenir et à conserver », souligne Rémond. L'autodéfinition de ce régime comme celui du « juste milieu » ne saurait faire illusion. Pour Rémond, « l'orléanisme, né d'emblée à droite, y restera, bien qu'il affecte d'être un centrisme ». La haute bourgeoisie libérale s'est ralliée à un régime qui sert efficacement ses intérêts. Louis-Philippe incarne une sorte de « roi bourgeois[3] ». L'homme fort de son règne n'est autre que François Guizot, un intellectuel au moins aussi conservateur que libéral qui se fixe comme but de « rétablir l'ordre, l'ordre vrai, la prédominance des gens de bien sur

---

1. Zeev Sternhell, *La Droite révolutionnaire. 1885-1914*, Gallimard, 1997.
2. René Rémond, *Les Droites en France, op. cit.*
3. *Ibid.*

les mauvais sujets, des gens sensés sur les brouillons[1] ». La monarchie de Juillet se termine à son tour par une révolution, celle de 1848, fruit de la crise économique, des mécontentements sociaux et des ambitions républicaines.

La droite orléaniste survivra cependant à cette fin brutale. Ce courant libéral deviendra même, au fil des ans, le tronc central du conservatisme français. Il regroupe ceux que François Bourricaud préfère appeler les « modérés[2] ». Cette droite souple et pragmatique, oscillant entre audaces libérales et frayeurs conservatrices, s'incarnera dans d'innombrables formations politiques. Comme elle rassemble un large éventail de sensibilités, elle est plus sujette que d'autres aux rivalités de personnes. Sa position politique stratégique, au centre droit de l'échiquier, l'oblige à multiplier les compromis et les alliances, sur sa gauche mais aussi sur sa droite. Des républicains opportunistes de la fin du XIXe siècle aux républicains indépendants de Valéry Giscard d'Estaing, elle n'en finit pas de se renouveler, tout en restant étonnamment identique. La gauche ne cesse de l'accuser d'être au service des nantis tandis que la droite réactionnaire lui reproche de prôner un libéralisme orphelin de sens.

Une troisième droite naît de la révolution de 1848. En deux mois, l'insurrection populaire provoque, par contrecoup, une vive peur réactionnaire. En décembre, porté par le « parti de l'Ordre », Louis Napoléon devient président de la République. Alors que le bonapartisme de Napoléon Ier était né à gauche, dans le prolongement de la Révolution, celui de son neveu émerge à droite. L'analyse géographique du vote des Français confirme cette différence majeure.

---

1. Michel Denis, « 1815-1848. Que faire de la Révolution française ? », art. cité.
2. François Bourricaud, *Le Retour de la droite*, Calmann-Lévy, 1986.

« Le bonapartisme électoral est passé de 1815 à 1851, très grossièrement, de la gauche au centre droit[1] », observe Frédéric Bluche, qui défend pourtant la thèse d'une continuité entre les deux régimes. Même si le bonapartisme de Louis Napoléon avait des « potentialités de droite et de gauche[2] », ainsi que le relève Rémond, il est vite devenu réactionnaire.

La droite bonapartiste se distingue des précédentes en se plaçant « sous le signe de l'autorité et du nationalisme[3] ». Les préoccupations sociales de celui qui deviendra Napoléon III après le coup d'État du 2 décembre 1851 brouillent les cartes, tout comme sa volonté modernisatrice. L'empereur s'amusait de l'hétérogénéité de ses soutiens : « Quel gouvernement que le mien ! L'impératrice est légitimiste, Napoléon-Jérôme républicain, Morny orléaniste, je suis moi-même socialiste. Il n'y a de bonapartiste que Persigny, mais il est fou[4]. » Le bonapartisme incarne une droite populiste, selon l'expression que privilégie Bourricaud, marquée par l'autoritarisme. Son expérience fondatrice du pouvoir se termine aussi mal que celle des deux premières droites, par un désastre militaire, en 1870, face à la Prusse.

À nouveau, la triste fin n'empêche pas la postérité. Même si ce point est plus discuté par les historiens, le « bonapartisme » ressuscitera ultérieurement dans des mouvements aussi différents que le boulangisme ou le gaullisme. « Cette droite bonapartiste avait de l'avenir dans la mesure où elle réussissait à concilier l'autorité et l'égalité, deux valeurs très

---

1. Frédéric Bluche, *Le Bonapartisme. Aux origines de la droite autoritaire (1800-1850)*, Nouvelles Éditions latines, 1980.
2. René Rémond, *Les Droites en France*, *op. cit.*
3. *Ibid.*
4. Bernard Ménager, « 1848-1870. Autorité ou liberté », *in* Jean-François Sirinelli (dir.), *Histoire des droites en France*, vol. 1 : *Politique*, *op. cit.*

chères aux Français », explique Winock. La force de ce courant, souligne l'historien, est de s'appuyer sur « cette double passion nationale [1] ».

L'histoire du conservatisme français sera pour longtemps dominée par le ballet des trois droites parvenues tour à tour au pouvoir de 1815 à 1870. Au-delà de leurs profondes divergences, ces traditions encourront solidairement le reproche de traîner des origines fort peu républicaines et d'avoir raté leur règne fondateur.

Droite discréditée

La droite a longtemps gardé un désagréable arrière-goût d'échec dans la bouche. « L'évolution politique de la France au xixe siècle a été finalement caractérisée par l'échec successif de tous les régimes de droite (Restauration, monarchie de Juillet après 1840, Second Empire) et par les succès répétés de la gauche [2] », écrivent François Goguel et Alfred Grosser. Sous les IIIe et IVe Républiques, la droite a souvent rasé les murs. Michel Winock rappelle que personne ne voulait alors porter haut ses couleurs « parce qu'on ne voulait pas être des partis des vaincus : monarchistes, cléricaux, pétainistes, collaborationnistes [3] ».

Toutefois, la honte de soi, plus ou moins vive, n'a pas empêché la droite de jouer sa partition dans le concert démocratique. La IIIe République fut ainsi le théâtre d'un affrontement entre le « parti de l'Ordre » et celui du « Mouvement », selon la formule de François Goguel. Les droites

---

1. Michel Winock, « Généalogie des droites (1789-1939) », art. cité.
2. François Goguel et Alfred Grosser, *La Politique en France*, *op. cit.*
3. Michel Winock, « Généalogie des droites (1789-1939) », art. cité.

prirent leur revanche dans l'entre-deux-guerres. Elles participèrent au pouvoir pendant quatorze des vingt années de cette période. Mais le triomphe de la droite la plus réactionnaire, sur fond de malheur national, allait discréditer à nouveau, et pour longtemps, le conservatisme français.

On peut discuter pour savoir si le régime de Vichy a été dominé par les héritiers de la droite légitimiste – c'est la thèse de René Rémond – ou par les tenants d'une nouvelle droite révolutionnaire, comme le soutient Zeev Sternhell. Toujours est-il que la collaboration a eu pour effet de laisser une droite très largement déconsidérée à la Libération. Il y a là une part d'injustice si l'on songe que tous les résistants n'étaient pas de gauche ni tous les collaborateurs de droite, loin s'en faut. Mais les élites conservatrices se sont massivement compromises dans le régime du maréchal Pétain. Avant que le jury d'honneur, constitué en avril 1945, ne mette en place des procédures de relève d'inéligibilité afin de limiter les dégâts, 85 % des députés et 77 % des sénateurs de droite se trouvaient « éliminés des combats électoraux de la Libération »[1]. La classe politique de droite est donc bel et bien décapitée.

Les conservateurs qui ont survécu sont contraints de se réfugier dans la formation la moins à gauche de l'époque, le Mouvement républicain populaire (MRP). En 1945, ce parti issu de la mouvance démocrate-chrétienne est sans conteste, comme le souligne Rémond, « enraciné à gauche[2] ». Mais, prisonnier de ses soutiens et des ralliements dont il profite, il dérive ensuite inexorablement vers les rivages du conservatisme.

---

1. Jean-Luc Pinol, « 1919-1958. Le temps des droites ? », in Jean-François Sirinelli (dir.), *Histoire des droites en France*, vol. 1 : *Politique, op. cit.*
2. René Rémond, *Les Droites aujourd'hui, op. cit.*

La démocratie chrétienne française était en effet confrontée à une mission impossible. Comme le résumait Georges Bidault, l'un de ses dirigeants, on lui demandait de « faire une politique de gauche avec un électorat de droite [1] ». Lorsqu'une formation est confrontée à ce genre de contradiction politique, cela se résout généralement au profit de ses soutiens. Après son déclin, le MRP enfantera plusieurs petits partis centristes qui auront de plus en plus de mal à conserver leur autonomie par rapport à la droite orléaniste. Minoritaire, la tradition démocrate-chrétienne n'est jamais parvenue, en France, à se forger un courant politique indépendant. Elle survit aujourd'hui comme sensibilité, fondue dans la droite orléaniste.

Captation gaulliste

Sous le règne gaulliste, la droite passe à nouveau en phase d'immersion. Tout en permettant à nombre de ses dirigeants d'exercer le pouvoir, le héros du 18 juin l'absorbe superbement. Le général de Gaulle se laisse d'autant moins facilement situer sur l'axe droite-gauche qu'il n'a cessé d'en contester la pertinence. Le fondateur de la Ve République a toujours nourri l'ambition de se hisser au-dessus des deux camps antagonistes. Extrémistes mis à part, personne ne l'a pourtant jamais classé à gauche, tandis que nombre d'acteurs et d'observateurs l'ont rangé à droite.

Mais de quelle droite relève alors le gaullisme ? Certains analystes repèrent chez le Général des traces de la première droite. « Par sa famille, des monarchistes ralliés à la République, sa formation catholique dans des établissements reli-

---

1. Jean-Luc Pouthier, « L'introuvable démocratie chrétienne », in *La Droite depuis 1789. Les hommes, les idées, les réseaux, op. cit.*

gieux, le milieu militaire auquel il appartient, Charles de Gaulle est étranger à la culture républicaine », va jusqu'à affirmer Serge Berstein. L'historien ajoute que « la culture politique de Charles de Gaulle est directement issue des conceptions du nationalisme français telles qu'elles ont été exprimées par les ligues de droite et d'extrême droite de la fin du XIXe siècle et de l'entre-deux-guerres [1] ». On ne saurait pourtant s'en tenir à cela pour définir la pensée gaullienne.

« Le gaullisme, pour l'essentiel, est un *nationalisme* », assure Jean Charlot. Selon lui, la synthèse gaullienne transcende la division droite-gauche notamment en ce qu'elle réconcilie « tradition et modernité [2] ». Voilà qui nous rappelle Napoléon III. C'est justement la thèse de Rémond : « Le gaullisme s'inscrit dans le prolongement de la tradition bonapartiste [3]. » Cette interprétation a fortement déplu aux gaullistes et elle a suscité la controverse chez les historiens. Jean Touchard rétorque que si bonapartisme et gaullisme ont en commun d'être définis autour du couple nationalisme-autorité, l'ordre des facteurs chez l'un et chez l'autre diffère radicalement. Pour de Gaulle, le nationalisme est moteur, alors que l'autoritarisme l'emporte chez Napoléon III [4]. Jean-Pierre Rioux juge aussi que la gaullienne « certaine idée de la France » n'a « rien à voir avec Napoléon ». Pour lui, si tous les thèmes bonapartistes sont présents dans la thématique gaulliste, le fondateur de la Ve République demeure « inclassable [5] ».

---

1. Serge Berstein, *Histoire du gaullisme*, Perrin, 2001.
2. Jean Charlot, « Le gaullisme », *in* Jean-François Sirinelli (dir.), *Histoire des droites en France*, vol. 1 : *Politique, op. cit.*
3. René Rémond, *Les Droites en France, op. cit.*
4. Jean Charlot, « Le gaullisme », art. cité.
5. Jean-Pierre Rioux, « Le cas de Gaulle », in *La Droite depuis 1789. Les hommes, les idées, les réseaux, op. cit.*

La difficulté de la question tient peut-être au syncrétisme dont a fait preuve, en son temps, le général de Gaulle. Tout en refusant de se classer à la droite de l'échiquier politique, il a réussi à fédérer ses différents courants. Non seulement toutes les droites l'ont soutenu à deux moments décisifs, en 1958 et en 1968, mais, comme le note Alain-Gérard Slama, « de Gaulle a su réaliser la synthèse des droites[1] ». Le chef de la Ve République a emprunté à la droite libérale une partie de sa politique économique. Il a hérité du bonapartisme le mythe du sauveur et l'attention portée aux catégories populaires. Enfin, son monarchisme républicain, à peine dissimulé, avait tout pour plaire à la droite légitimiste. C'est même en chevauchant ces différentes tendances que de Gaulle a pu, au moins partiellement, échapper aux pesanteurs classiques de la droite. Son goût affirmé pour la modernité et le mouvement l'a encore éloigné du conservatisme. La droite, d'où venaient les haines les plus vives à son endroit, n'était pas véritablement aux commandes sous le gaullisme. Et c'est poignardé par elle – plus particulièrement par l'orléaniste Valéry Giscard d'Estaing – que le Général sera contraint de quitter le pouvoir en 1969.

Le complexe d'infériorité de la droite française s'enracine profondément dans l'histoire nationale. L'illégitimité de son opposition à la fondation révolutionnaire de la République, prolongée par une hostilité à ce régime tout au long du XIXe siècle, l'a placée en situation de faiblesse symbolique. La honte de la compromission de ses élites sous le régime de Vichy a ravivé son discrédit, avant que le règne gaulliste ne la submerge. S'ouvre ensuite une tout autre période où la droite française, progressivement dépouillée de l'héritage gaullien puis radicalisée par l'épreuve de l'opposition, ose enfin s'affirmer au grand jour.

---

1. Entretien avec l'auteur, 22 mai 2006.

CHAPITRE 2

La droite retrouvée

Trente-cinq années séparent le départ de l'Élysée du général de Gaulle (1969) de la conquête par Nicolas Sarkozy du grand parti de la droite française (2004). D'une date à l'autre, la mutation du camp conservateur est impressionnante. Au cours de cette période, riche en affrontements politiques sous-tendus par des rivalités personnelles, la droite française s'est déchirée à belles dents. Mais elle a aussi progressivement recouvré son identité et son dynamisme. Du pompidolisme au chiraquisme en passant par l'intermède giscardien, elle a relevé la tête. Se libérant de l'héritage gaulliste, elle s'est petit à petit affirmée en tant que telle. L'épreuve de l'opposition lui a permis de se durcir et d'affûter ses idées. Porté par la révolution conservatrice, le libéralisme a pu imposer son hégémonie sur les autres courants. La fusion des principales composantes de la droite en une même formation, en 2002, couronne cette évolution.

Transition pompidolienne

Quand la droite a-t-elle eu raison du gaullisme ? La question est sujette à d'interminables disputes entre historiens. Elle n'a sans doute pas de réponse simple, tant il est vrai que l'absorption du gaullisme par le conservatisme relève d'un processus continu. Au demeurant, cette dérive droitière a commencé sous le règne même du Général. Après tout, Georges Pompidou, en qui chacun s'accorde à voir la face conservatrice du gaullisme, fut le plus durable parmi les collaborateurs du fondateur de la Ve République.

En novembre 1967, les assises de Lille de l'UDR[1] sanctionnent l'élimination de Louis Vallon et René Capitant, figures de la gauche gaulliste. « On s'achemine maintenant sous l'impulsion de Georges Pompidou vers l'invention de ce grand parti conservateur et moderne[2] », commentent Jean-Marie Donegani et Marc Sadoun. La grande vague de frayeur réactionnaire qui suit les « événements » de mai 1968 accentue le basculement à droite du parti gaulliste. Lorsque Pompidou annonce sa probable candidature élyséenne, au tout début de 1969, il se pose ouvertement en garant de l'ordre conservateur.

Sa présidence écourtée par la maladie marque une première phase de normalisation du gaullisme. Cette évolution est toutefois initialement contrariée par la tentative de « nouvelle société » que lance le Premier ministre Jacques Chaban-Delmas. De tempérament radical, celui-ci rêve d'un « socialisme libéral » qui conjuguerait étrangement la filiation gaulliste et le modernisme de la nouvelle gauche. Plus réactionnaire que jamais après 1968, l'UDR est au plus haut point indisposée par ce réformisme progressiste. Pompidou lui-même ne tarde pas à manifester son hostilité aux entreprises de Chaban. Et une clarification s'opère en 1972 au

---

1. Union pour la défense de la République, parti gaulliste qui a pris la succession de l'Union pour la nouvelle République.
2. Jean-Marie Donegani et Marc Sadoun, « 1958-1992. Le jeu des institutions », *in* Jean-François Sirinelli (dir.), *Histoire des droites en France*, vol. 1 : *Politique*, *op. cit.*

profit de « la lecture libérale et conservatrice du gaullisme[1] ».

Isolés, les gaullistes de toutes obédiences seront désormais condamnés à faire de la figuration. « L'UDR est à la remorque d'une politique conservatrice et d'une politique de refus de l'indépendance française[2] », déplore Michel Debré en 1974. Pompidou aura finalement été un gaulliste beaucoup plus croyant que pratiquant. Au fond de lui-même, il s'est toujours considéré comme fidèle à l'enseignement du Général. Mais son tempérament, ses réflexes idéologiques ainsi que l'air du temps ne pouvaient que le faire dériver vers les paisibles rivages de la droite conservatrice.

Paradoxes giscardiens

Tout le talent de Valéry Giscard d'Estaing aura été de comprendre, avant tant d'autres, qu'il était vain pour la droite non gaulliste de vouloir échapper aux mâchoires d'acier de la bipolarisation. Grâce à cette intuition prospective, le jeune et ambitieux héritier de la tradition orléaniste entame sa carrière en alliance avec les gaullistes. Devenu le chef de la fraction de la droite libérale qui appartient à la majorité, Giscard occupe une position stratégique. Celle-ci lui permet de succéder à Pompidou en jouant des rivalités internes à l'UDR. C'est Jacques Chirac qui lui apporte, en 1974, l'appui d'une portion décisive du parti gaulliste en trahissant Chaban-Delmas. Ce ne sera pas le dernier mauvais coup chiraquien porté au gaullisme.

---

1. *Ibid.*
2. Michel Debré, *Entretiens avec Georges Pompidou, 1971-1974*, Albin Michel, 1996.

L'arrivée de Giscard à l'Élysée marque assurément un tournant dans l'histoire des droites françaises. C'est la revanche des adversaires du fondateur de la Vᵉ République. Mais le septennat giscardien ne peut être considéré comme un vrai règne orléaniste. Le champion de la « société libérale avancée » est trop prisonnier d'un tropisme centriste, renforcé par la menace que fait peser la gauche, pour gouverner de la sorte. Souffrant d'un complexe de grand bourgeois, Giscard n'a jamais porté haut l'oriflamme de la droite. « Je suis un homme du centre droit », jure-t-il. Le jeune président refuse résolument « la coupure de la France en deux ». C'est tout juste s'il concède : « Les valeurs et le système de pensée qui sont les miens se situent plutôt à droite [1]. »

Giscard a même théorisé, par l'analyse sociologique, sa pratique centriste. C'est la fameuse thèse du « groupe central [2] » de la société française, composé de classes moyennes de plus en plus nombreuses. Cette heureuse convergence annoncerait une prochaine réconciliation nationale : « Il faut que le groupe central des Français qui ont la même façon de vivre, de s'exprimer, de travailler, devienne *toute* la France, pour que la France soit enfin une fraternité [3]. » Nous sommes ici plus proches du mythe de l'unité nationale que d'une quelconque révolution libérale. L'histoire retient d'ailleurs surtout du septennat giscardien la modernisation de la société, même si certains efforts d'assainissement économique ont été entrepris sous l'impulsion de Raymond Barre.

---

1. Valéry Giscard d'Estaing, *Entretien avec Agathe Fourgnaud*, Flammarion, 2001.
2. Valéry Giscard d'Estaing, *Deux Français sur trois*, Flammarion, 1984.
3. Valéry Giscard d'Estaing, « Discours à la jeunesse », 29 mars 1980.

Stratégiquement, la période giscardienne se décompose en deux phases contrastées. La première est celle d'une convergence sans précédent de toutes les droites. Dans la foulée de son élection, le jeune chef de l'État réussit à fédérer dans sa majorité présidentielle l'ensemble des courants de la droite parlementaire. Il achève ainsi le processus de ralliement des centristes entamé par son prédécesseur Pompidou. De 1974 à 1976, gaullistes (en faible proportion), conservateurs, libéraux et centristes travaillent de concert dans les allées du pouvoir.

Cette heureuse décrispation prend brutalement fin avec la démission de Chirac, le 25 août 1976, pour d'obscures raisons de désaccord entre les deux têtes de l'exécutif. Alors cornaqué par Marie-France Garaud et Pierre Juillet, deux gaullistes ultraconservateurs, l'ancien Premier ministre se lance dans une longue marche vers la conquête du pouvoir. La guerre des deux droites est déclenchée. Toutefois, elle prend souvent une forme qui frise l'imposture. Dans leur bras de fer avec le giscardisme, les chiraquiens miment la résistance gaullienne face au dévoiement libéral et atlantiste du régime. Or cette impitoyable bataille n'oppose pas les tenants de l'orthodoxie gaullienne à ceux du conservatisme traditionnel. C'est au moins autant une contestation de droite du réformisme giscardien qui naît, le 5 décembre 1976, avec la fondation en grande pompe du RPR.

Juillet et Garaud croyaient pouvoir utiliser le fougueux « cheval » Chirac pour favoriser leurs grands desseins. Dans les faits, c'est le fondateur du RPR qui les a instrumentalisés au service de son insatiable ambition. Jacques Chirac n'a jamais été gaulliste. Dès 1962, il confie à Olivier Guichard : « J'ai hésité entre l'OAS et Pompidou. Désormais, j'ai choisi Pompidou. Je le servirai fidèlement et loyalement. Mais le gaullisme, je m'en fous. Ce n'est pas mon affaire, ce n'est pas ma génération[1]. » La transgression de la doctrine gaullienne débute de façon spectaculaire avec sa nomination à la tête de l'UDR, en décembre 1974. Un chef de gouvernement cumulant ses fonctions avec celles de chef de parti, voilà qui a dû faire se retourner le Général dans sa tombe. Après avoir rompu avec Giscard, Chirac fait feu de tout bois. C'est le célèbre « appel de Cochin » du 6 décembre 1978, dans lequel le camp élyséen est crûment assimilé au « parti de l'étranger ». C'est encore l'évocation, en octobre 1976, d'un énigmatique et fugace « travaillisme à la française ». Mais ces débordements verbaux portent peu à conséquence. Le RPR s'abandonne de plus en plus à une idéologie réactionnaire.

Après son échec cuisant aux élections européennes de 1979, le parti chiraquien adopte un programme libéral plus orienté à droite que celui de l'UDF[2]. Fondée en 1978 et rassemblant dans une structure confédérale les courants libéraux et centristes, celle-ci prend alors bien soin de ne pas s'enfermer dans le conservatisme. Historiquement, contrairement aux idées reçues, c'est plutôt le RPR qui a joué le cheval de Troie du libéralisme dans la droite française. Et c'est sous la houlette de Chirac que le parti d'origine gaulliste va finir d'abandonner l'originalité léguée par le fondateur de la Ve République.

---

1. Éric Zemmour, *L'homme qui ne s'aimait pas*, Balland, 2002.
2. François Denord, « La conversion au néolibéralisme. Droite et libéralisme économique dans les années 80 », *Mouvements*, septembre-octobre 2004.

Accouchement chiraquien

La deuxième grande traîtrise de Chirac va être fatale à Giscard. En 1981, le chef du RPR fait tout pour se « débarrasser » du président sortant, qu'il avait contribué à faire élire contre le candidat gaulliste sept ans auparavant. Un quart de siècle plus tard, Giscard a fourni de nouveaux détails sur cet affront qu'il n'a toujours pas digéré[1].

Rejetée dans l'opposition après tant d'années passées aux commandes, la droite va s'y métamorphoser, se forgeant une identité, une vigueur et une unité nouvelles. Face au pouvoir socialiste, très offensif dans une première phase, le « peuple de droite » se mobilise. Les adhérents affluent au RPR, portés par un état d'esprit réactionnaire au sens propre du terme. De nouvelles élites de droite émergent à l'Assemblée nationale à l'occasion des débats houleux sur les grandes « réformes de structure » voulues par la gauche. François d'Aubert, Alain Madelin, Philippe Séguin ou Jacques Toubon animent brillamment la résistance parlementaire. Dans le feu de ces batailles, les rivalités entre personnalités et courants de droite s'estompent. Les exigences de la joute oppositionnelle produisent une puissante dynamique unitaire.

C'est à ce moment-là que la droite reprend son nom. Aux manettes, elle préférait l'étiquette avantageuse de « majorité ». Celle d'« opposition » ayant l'inconvénient de trahir sa position minoritaire, la droite recouvre son titre topographique. Elle cherche aussi, soulignent Donegani et Sadoun, à « tirer de son passage dans l'opposition une légitimité populaire que le terme même de droite l'empêchait jus-

---

1. Valéry Giscard d'Estaing, *Le Pouvoir et la Vie*, vol. 3 : *Choisir*, Cie 12, 2006.

qu'alors de revendiquer[1] ». Contre les nouveaux maîtres roses, le camp conservateur prétend se transformer en porte-parole des petits et des dominés. Cette posture ne l'empêche naturellement pas de veiller, plus que jamais, aux intérêts des privilégiés menacés par le « socialisme niveleur ».

Le libéralisme s'affiche brusquement au grand jour. « La droite française découvre le libéralisme en 1981 », se souvient Michel Guénaire, alors giscardien. Il se rappelle son étonnement : « On a été tout surpris de voir les gaullistes arriver sur nos thèmes[2]. » La cure oppositionnelle n'est pas la seule raison de ce tournant idéologique. La droite française est aussi influencée par la « révolution conservatrice » qui secoue la Grande-Bretagne puis les États-Unis. Margaret Thatcher est arrivée au pouvoir en 1979. Ronald Reagan entame sa présidence en 1981.

Les leaders de droite multiplient les professions de foi libérales. « Il faut un libéralisme absolu pour nous inciter à faire concrètement aujourd'hui le libéralisme nécessaire[3] », ose Chirac. « Il n'existe que deux voies possibles pour les sociétés industrielles : le socialisme et le libéralisme. Ceux qui parlent parfois de troisième voie commettent un contre-sens historique[4] », clarifie Giscard. « Avant l'expérience socialiste, il n'y avait quasiment pas de libéraux en France », observe Alain Peyrefitte en se réjouissant que la « démystification » en cours permette de changer la « mentalité nationale[5] ». Le ciment libéral soude la droite contre l'activisme de la gauche.

---

1. Jean-Marie Donegani et Marc Sadoun, « 1958-1992. Le jeu des institutions », art. cité.

2. Entretien avec l'auteur, 20 septembre 2006.

3. Jacques Chirac, « Le libéralisme peut-il inspirer un projet politique ? », *Liberté économique et progrès social*, mars 1984.

4. Valéry Giscard d'Estaing, *Deux Français sur trois*, op. cit.

5. Alain Peyrefitte, *Encore un effort, Monsieur le Président*, Lattès, 1985.

Ce libéralisme nouveau cohabite avec un autoritarisme ancien. Chauffée à blanc, l'opposition n'hésite pas à mobiliser contre le pouvoir les thématiques de la droite ultra. Lors des élections municipales de 1983, c'est la droite parlementaire qui, la première, exploite les questions d'immigration et de sécurité pour embarrasser la gauche. Chirac va jusqu'à associer immigration et délinquance, affirmant même « comprendre sans approuver[1] » les comportements racistes d'une partie de la population. Le Front national émergera aux élections européennes une année plus tard...

Par sa revanche aux législatives de 1986, la droite s'offre une expérience fondatrice de deux ans. Jusqu'en 1988, la France est gouvernée par une équipe chiraquienne sous influence balladurienne. Le programme franchement libéral de la nouvelle majorité est fermement appliqué : dénationalisations, suppression de l'impôt sur les grandes fortunes, de l'autorisation administrative de licenciement et du contrôle des prix... La rupture avec le socialisme est nette. « Nous avons perdu car nous avons mené une politique trop financière[2] », confiera Chirac à Balladur après sa défaite à la présidentielle de 1988. À coup sûr, cette cure libérale n'a pas été du goût de l'électorat. L'opportuniste Chirac s'en souviendra pour la suite des événements : il sera plus rusé pendant la campagne de 1995. Reste que le premier gouvernement vraiment libéral de la Vᵉ République aura été dirigé par lui.

Au cours de la campagne pour la présidentielle de 1988, le gaulliste n'est pas celui que l'on aurait pu croire. En dépit de son inclination personnelle plutôt radicale-socialiste, Chirac est d'abord le candidat de la droite sous influence libérale,

---

1. Jean-Marie Donegani et Marc Sadoun, « 1958-1992. Le jeu des institutions », art. cité.

2. Éric Zemmour, *Le Livre noir de la droite*, Grasset, 1998.

au pouvoir depuis deux ans. Son acceptation de la cohabitation, là encore sous la pression de Balladur, l'éloigne résolument de la conception gaullienne des institutions. À l'inverse, Raymond Barre se situe, sur cette question cruciale, dans la droite ligne de la pensée du Général.

Barre n'est pas aisé à classer idéologiquement. Jean-Louis Bourlanges observe que cet homme d'État allergique à la politique s'est trouvé pris dans une « immense contradiction » entre « une sensibilité libérale, tocquevillienne et aronienne » et « une nostalgie gaulliste [1] ». La bataille, remarque Rémond, s'est presque jouée à fronts renversés : « C'est l'héritier en titre du gaullisme qui tient le discours le plus libéral et le candidat investi par les formations les plus proches du libéralisme qui tient le discours peut-être le moins éloigné des idées du général de Gaulle [2]. » Ainsi, le candidat soutenu par l'UDF s'est révélé plus gaullien que celui du RPR. Ce brouillage des repères a favorisé un mélange des droites annonciateur, à moyen terme, de leur réunification.

Triomphe balladurien

Si Édouard Balladur a échoué dans sa quête élyséenne, il peut se targuer d'avoir réussi à imposer ses principales idées. Le théoricien puis praticien de la cohabitation a contribué à modifier radicalement l'exercice des institutions. Chantre d'un libéralisme conservateur, il a vu toute la droite se rallier progressivement à ses vues. Sur le plan stratégique, enfin, Balladur est l'incontestable père du parti unique de la droite. Dès 1988, il défend avec ferveur « l'ar-

---

1. Jean-Louis Bourlanges, *Droite année zéro*, Flammarion, 1988.
2. René Rémond, *Les Droites aujourd'hui*, *op. cit.*

dente nécessité d'une confédération RPR-UDF ». « L'intérêt de la majorité est de mettre fin à cette organisation en deux mouvements, qui pose un problème à chaque élection », écrit le ministre de l'Économie, relevant que « les idées et les convictions » des uns et des autres sont « très largement les mêmes [1] ».

Le clivage de fond entre les droites gaulliste et antigaulliste s'est effectivement dissous au fil de la normalisation du camp conservateur. Les élites du RPR et de l'UDF ne se distinguaient plus que par de subtiles différences de tempérament liées à leurs héritages respectifs. « Les deux principaux clivages, sur la conception de la nation et de la démocratie, ont disparu [2] », relève Jean-Claude Casanova. Longtemps la plus épineuse, la question européenne elle-même a perdu de sa capacité à opposer les uns aux autres. Au demeurant, la stratégie électorale a favorisé ces rapprochements. Les alliances à répétition entre les deux partis ont eu pour effet de fusionner leurs soutiens. Dès la fin des années soixante-dix, on ne constate plus de différences fortes, ni sur le plan sociologique, ni sur le plan idéologique, entre les électorats du RPR et de l'UDF. L'unification du « peuple de droite » a précédé de beaucoup celle de ses appareils. Tout au long des années quatre-vingt et quatre-vingt-dix, le contraste est grand entre un électorat conservateur aspirant à l'unité et des leaders qui s'affrontent violemment.

Le projet d'Édouard Balladur était soutenu par de forts arguments, qui finirent par l'emporter. D'autres esprits ont raisonné comme lui. Dès 1988, Jean-Louis Bourlanges assure que « le libéralisme, aujourd'hui sans frontières, de

---

1. Édouard Balladur, « L'ardente nécessité d'une confédération RPR-UDF », *Le Monde*, 18 mars 1988.
2. Entretien avec l'auteur, 20 juin 2006.

notre société doit s'incarner dans une formation nouvelle, à la fois pluraliste et disciplinée, rassemblant des hommes et des femmes venus de la droite, du centre et du centre gauche ». L'objectif est de créer un parti libéral doté d'une « position aussi fortement hégémonique que celle dont dispose le Parti socialiste à gauche [1] ». La marche vers l'unité de la droite sera néanmoins longue et tortueuse.

En 1989, un mouvement assez confus, celui des « rénovateurs » de droite, secoue l'opposition. Il n'en préfigure pas moins la future fusion en ce qu'il rassemble à la fois des élus UDF (François Bayrou, Charles Millon) et RPR (François Fillon, Philippe Séguin). L'année suivante, la création d'une éphémère « Force unie » témoigne à son tour de l'aspiration au renouveau et à l'unité de la droite. Y participent des dirigeants UDF (François Léotard, Gérard Longuet) mais aussi RPR (Michèle Barzach, Patrick Devedjian). Les chefs historiques de la droite sont obligés d'en tenir compte. En 1990 toujours, Chirac et Giscard créent une « Union pour la France » qui coordonne l'UDF et le RPR. Cette structure est le lointain ancêtre de l'UMP.

L'élection présidentielle de 1995 marque paradoxalement une étape importante dans la voie de l'unification des deux partis de droite. Cette fois-ci, la confusion des positions ne vient pas d'une inversion des rôles mais d'une similitude des étiquettes. Les deux candidats de droite qui s'affrontent au premier tour non seulement proviennent du même parti, le RPR, mais ont une filiation idéologique commune, le pompidolisme. Certes, Balladur est soutenu par l'UDF tandis que Chirac mobilise le RPR. Mais la compétition met davantage aux prises des tempéraments politiques contrastés que des orientations réellement antagonistes. « Balladur est

---

1. Jean-Louis Bourlanges, *Droite année zéro, op. cit.*

52

le candidat que Chirac aurait aimé être[1] », analyse drôlement Éric Zemmour. Le fondateur du RPR puise dans les ressources de la démagogie populiste (la « fracture sociale ») afin de contourner à gauche son ancien ami de trente ans devenu le rival à abattre. Handicapé dans l'arène électorale par sa civilité conservatrice et ses maladresses de grand bourgeois, Balladur perd la partie. Il paie aussi le prix d'une politique d'inspiration libérale toujours aussi peu populaire en France. L'ancien Premier ministre se consolera en gagnant la bataille des idées.

Car Alain Juppé, nommé à la tête du gouvernement par Chirac en 1995, ne tarde pas à renouer avec la ligne balladurienne. De tempérament autoritaire, il est en revanche plutôt libéral en matière économique. Le discrédit qui frappe Chirac à la suite de la dissolution hasardeuse de 1997 aiguise l'appétit de changement à droite. Balladur en appelle à une « alternance décomplexée » qui verrait son camp mener une politique ouvertement libérale. Non sans raison, il lie cette ambition au projet stratégique d'une réunification des droites : « Il est temps que tout le monde en prenne conscience et se décide en créant ce grand parti nouveau rassemblant toutes les sensibilités de droite et du centre[2]. » Un certain Nicolas Sarkozy, balladurien endurci, est sur la même longueur d'onde. « Construire la grande formation politique de la droite moderne, tel est le chemin le plus judicieux », écrit-il en 2001. Bon analyste, le dirigeant du RPR pronostique que « le moment est proche où les conditions pour la création d'une grande formation unique seront enfin réunies ». Et de préciser que la prochaine présidentielle, couplée aux législatives, fournira « une occasion

---

1. Éric Zemmour, *Le Livre noir de la droite*, op. cit.
2. Édouard Balladur, *Renaissance de la droite. Pour une alternance décomplexée*, Plon, 2000.

unique et déterminante[1] ». C'est exactement ce qui va se passer.

Conquête sarkozienne

« Si l'union ne se fait pas, je l'imposerai[2] », affirme Chirac au lendemain du 21 avril 2002. Assuré de sa réélection, le président de la République se préoccupe de l'avenir. Dès le 24 avril, le bureau politique du RPR approuve la dissolution du Rassemblement dans une grande formation de droite. Les interrogations de sa présidente, Michèle Alliot-Marie, sont balayées par le sentiment d'urgence. « Il m'aura fallu quatorze années et le résultat, dimanche, de Le Pen pour arriver là[3] », philosophe Balladur. Les modestes scores obtenus au premier tour par les autres courants de la droite (6,8 % pour François Bayrou et 3,9 % pour Alain Madelin) laissent le champ libre à Chirac pour la remodeler à son avantage.

Le chef de l'État est le créateur de l'UMP, d'ailleurs baptisée « Union pour la majorité présidentielle » dans un premier temps. Fondateur du RPR, Chirac a décidé de sacrifier son enfant sur l'autel de l'unité de la droite. Il a confié à son fidèle conseiller Jérôme Monod le soin d'organiser l'opération en collaboration avec Alain Juppé. Déterminé à préparer sa succession sans attendre, il veut offrir à l'ancien Premier ministre une puissante machine électorale. Celui-ci devient effectivement le premier président de l'UMP. Il ne cache pas sa volonté de s'inspirer du « parti d'Épinay, du

---

1. Nicolas Sarkozy, *Libre*, Robert Laffont, 2001.
2. Jean-Louis Saux, « L'Union pour la majorité présidentielle voit le jour dans la précipitation », *Le Monde*, 26 avril 2002.
3. *Ibid.*

moins au temps de sa splendeur », mais aussi des exemples fournis par les grands partis de droite européens, « le Parti populaire espagnol, la CDU-CSU allemande, le Parti conservateur britannique [1] ».

Mais Juppé n'est pas le seul à nourrir l'ambition de succéder à Chirac. Dès la fondation de l'UMP, Nicolas Sarkozy songe à en prendre le contrôle. Les conditions qu'il pose à Juppé pour soutenir le projet sont éclairantes. Le maire de Neuilly-sur-Seine obtient en effet que le président de l'UMP ne soit élu que pour deux ans. Avec en arrière-pensée l'espoir de récupérer le poste en 2004 [2]. Cette année-là, précisément, les ennuis judiciaires de Juppé et les déroutes électorales de l'UMP aux scrutins régional et européen ouvrent la voie à Sarkozy. Chirac exige en vain le non-cumul entre les fonctions de chef de parti et de ministre pour le dissuader de postuler à la succession de Juppé. En novembre 2004, Sarkozy est élu à une écrasante majorité (85 % des adhérents) président de l'UMP. Sorti victorieux de son bras de fer avec l'Élysée, il s'empare de la machine chiraquienne et va la transformer en outil au service de sa propre ambition.

La droite est désormais presque tout entière réunifiée et soumise à l'hégémonie de l'idéologie libérale. Elle a un chef qui assume totalement, et parfois agressivement, son identité. Sarkozy « est de droite comme il respire [3] », s'amuse Zemmour. Le 30 mai 1968, alors qu'il n'avait que 13 ans, il brûlait de participer à la grande manifestation de

---

1. « Alain Juppé : "Je soutiendrai très honnêtement M. Raffarin" », propos recueillis par Jean-Louis Saux, *Le Monde*, 22 juin 2002.
2. Yves Bordenave, « Le RPR se résout à sa dissolution pour préparer l'après-Chirac », *Le Monde*, 21 septembre 2002.
3. Éric Zemmour, *Le Livre noir de la droite*, *op. cit.*

la peur sur les Champs-Élysées. Ce n'est certes pas un idéo-logue. « Pour les convictions, j'ai jamais eu le temps[1] », lance-t-il un jour à un ami. Mais il martèle sans cesse quelques idées simples. Et ces idées appartiennent à n'en pas douter à la tradition libérale. « Je suis convaincu que le prêchi-prêcha social-démocrate n'a pu prospérer que sur l'absence d'une droite moderne[2] », assure Sarkozy. Il est résolu à l'incarner, et sa détermination est sans faille.

La bataille entre gaullisme et libéralisme qui s'est ouverte en 1962 s'achève donc en 2004 par la victoire totale du second sur le premier. Sarkozy n'a jamais fait semblant d'être gaulliste. Il s'est gardé de faire référence au Général dans sa campagne pour la présidence de l'UMP. Du gaul-lisme, il retient essentiellement qu'il fut un pragmatisme. Au RPR, il consentait à parler des « racines » gaullistes, mais c'était pour mieux moquer ceux de ses compagnons qui fantasmaient sur « un retour aux sources du gaullisme ». Sarkozy préfère voir en de Gaulle « un constant engagement vers l'avenir, vers le changement, vers la réforme, finale-ment vers la modernité[3] ». Bref, c'est en étant libéral que l'on serait aujourd'hui fidèle à son héritage... « Le conflit entre élites administratives, véritables reines du bal depuis 1958, et élites marchandes promues sur le devant de la scène par le triomphe du libéralisme et de la mondialisation atteint la droite au cœur de son identité[4] », observait Jean-Louis Bourlanges en 1999. La lutte est terminée. Les élites marchandes n'ont plus à plier le genou devant l'aristocratie d'État.

---

1. Pascale Nivelle et Élise Karlin, *Les Sarkozy, une famille française*, Calmann-Lévy, 2006.
2. Nicolas Sarkozy, *Libre, op. cit.*
3. *Ibid.*
4. Jean-Louis Bourlanges, « Un projet qui hésite entre désir de rup-ture et respect de l'héritage », *Le Monde*, 26 septembre 1999.

Balladur voit tous ses vœux exaucés. À l'exception de Bayrou, toute la droite parlementaire est rassemblée au sein d'une même formation. Elle a enfin décidé « d'être elle-même, sans complexes ni fausse honte », comme il le lui conseillait. Le temps n'est plus où elle sacrifiait aux « conformismes sociaux-démocrates [1] ». La droite a aussi entendu l'appel à la « modernité » que lui lançait Bourlanges à la fin du siècle dernier, lui reprochant d'être « incapable de penser en termes actuels l'aspiration à une plus grande autonomie de la société civile et de prendre en compte les attentes néolibérales des nouvelles couches salariées [2] ». Elle n'a plus pour seule ambition de limiter les dégâts, de proposer un « rêve de la gauche débité au détail et administré au corps social à doses homéopathiques ». Les modérés ont cessé d'être, comme le déplorait également Bourlanges, « prisonniers d'une double obsession, celle de l'autre et celle d'hier [3] ».

Les complexes ont changé de camp. Désormais, c'est la gauche qui regarde la droite avec inquiétude et timidité, et la droite qui envisage l'avenir avec confiance, comme si le sens de l'histoire s'était inversé. Édouard Balladur est, à coup sûr, celui qui a le mieux anticipé et préparé ce retournement de tendance. S'il n'a pas été couronné par le suffrage universel, il peut s'enorgueillir d'avoir été l'inspirateur du renouveau de la droite française. Le sarkozisme est l'avenir du balladurisme.

---

1. Édouard Balladur, *Renaissance de la droite*, op. cit.
2. Jean-Louis Bourlanges, « Un projet qui hésite entre désir de rupture et respect de l'héritage », art. cité.
3. Jean-Louis Bourlanges, *Droite année zéro*, op. cit.

CHAPITRE 3

Un nouveau front de classes

La dynamique de l'espace social s'est inversée. C'est aujourd'hui la droite qui dispose d'une « base de classe » sûre d'elle et dominatrice. Dans une société changeante et émiettée, la grande bourgeoisie devient le groupe social qui a le plus conscience de son existence et de ses intérêts propres. C'est une classe à la fois « en soi » et « pour soi », selon le vocabulaire marxiste. Grâce au capitalisme financier, sa domination sur le monde est plus forte que jamais. Et elle le sait parfaitement. La droite trouve chez elle un point d'ancrage décisif en termes de pouvoir et d'influence.

À l'inverse, la gauche est orpheline de la « classe ouvrière ». La « conscience de classe » a déserté le prolétariat. Le salariat d'exécution – ouvriers et employés mêlés – est certes toujours fort nombreux. Mais les « catégories populaires » ne se vivent plus sur le mode de l'unité. La classe ouvrière d'aujourd'hui est segmentée par des barrières de statut ou d'origine ethnique. Le développement des contrats précaires, du travail à temps partiel et de la sous-traitance morcelle le salariat. On assiste aussi à une dangereuse ethnicisation des rapports sociaux. Les différences culturelles creusent de nouveaux clivages au sein d'un prolétariat désormais composé d'une forte proportion d'immigrés d'origine. Ces divisions, à la fois objectives et subjectives, empêchent la « classe ouvrière » de se considérer en tant que telle.

Cet éclatement des couches populaires permet à la droite d'en séduire une notable fraction. Car elle pratique désormais une stratégie d'« alliances de classes » plus efficace que la gauche. Celle-ci a perdu les ingrédients qui permettent de coaguler différentes populations autour d'un projet politique. On se souvient de l'« union populaire contre les monopoles » des communistes et du « front de classes » des socialistes rassemblant couches populaires et moyennes. Ces formules eurent leur efficacité dans les années quatre-vingt. La « nouvelle alliance » entre classes populaires, classes moyennes et exclus tentée par Lionel Jospin en 2002 a eu beaucoup moins de succès. Prisonnière de ses responsabilités et d'un conformisme pesant, la gauche s'est progressivement coupée des catégories populaires.

La droite a également été confrontée à l'obligation de redéfinir ses soutiens sociaux. Historiquement, elle s'est appuyée sur les professions indépendantes non salariées : agriculteurs, artisans, commerçants, etc. Or toutes ces catégories ont connu un fort déclin démographique. La conquête des couches moyennes salariées, et notamment des cadres, est devenue un objectif stratégique. Cependant, pour être majoritaire, la droite doit aussi s'assurer le soutien d'une fraction des couches populaires.

Déprolétarisation de la droite

Phénomène interclassiste s'il en est, le gaullisme avait permis à la droite de disposer d'une forte assise populaire. Celle-ci s'est évaporée au fur et à mesure que la droite classique a repris le dessus. Rappelons les principales étapes de ce processus en nous fondant sur un indicateur simple : la proportion d'ouvriers apportant leurs suffrages à la droite lors des différents scrutins [1].

Le retour du général de Gaulle au pouvoir est porté par un vaste mouvement populaire. Aux législatives de 1958, fait exceptionnel, une majorité d'ouvriers (56 %) votent à droite, dont 30 % en faveur du parti gaulliste. Le fondateur de la Vᵉ République détourne à son profit une part de l'électorat communiste. De Gaulle conserve encore une base populaire importante lors de la présidentielle de 1965. Au second tour, 45 % des ouvriers le soutiennent contre François Mitterrand.

La crise de Mai 68 provoque une cassure entre gaullisme et milieux populaires. Aux législatives de juin, le vote ouvrier de droite tombe à 39 %. La chute se poursuit sous le pompidolisme : 36 % aux législatives de 1973. Au second tour de la présidentielle de 1974, Valéry Giscard d'Estaing n'est soutenu que par 27 % des ouvriers. La polarisation sociale des votes est telle que, au soir de son échec, Mitterrand assure la gauche que sa victoire est « inéluctable » car elle incarnerait « le monde de la jeunesse et du travail ». Sept ans plus tard, le dirigeant socialiste triomphe effectivement. Mitterrand professe avec un implacable déterminisme que « la majorité politique des Français démocratiquement exprimée vient de s'identifier à sa majorité sociale [2] ».

C'était ignorer la ruse de l'histoire. Au contact du pouvoir, la gauche perd progressivement l'appui des milieux populaires. Dans la seconde moitié des années quatre-vingt,

---

1. Il s'agit de données issues de sondages postélectoraux ou réalisés à la sortie des bureaux de vote dont on trouvera les références précises dans François Platone, *Les Électorats sous la Vᵉ République. Données d'enquêtes 1958-1995*, CEVIPOF, 1995. La profession citée est celle du chef de ménage.

2. François Mitterrand, discours d'investiture présidentielle, 21 mai 1981.

ceux-ci sont de plus en plus séduits par l'extrême droite. Mais la percée du Front national mord également sur l'électorat populaire de droite. Au premier tour de la présidentielle de 1988, les candidats de la droite parlementaire ne totalisent que 18 % des voix ouvrières, tandis que 19 % d'entre elles se portent sur Jean-Marie Le Pen. Jacques Chirac ne les récupère pas toutes au deuxième tour, loin s'en faut, puisqu'il n'en recueille que 26 %.

La campagne présidentielle de 1995 marque une première tentative de reconquête des couches populaires par la droite. Chirac déborde Balladur sur sa gauche en agitant le slogan de la « fracture sociale ». La thématique est payante : il recueille 43 % des votes ouvriers au tour décisif. Mais la magie n'opère plus du tout sept ans plus tard. En 2002, la proportion de voix ouvrières en faveur de la droite atteint son plus bas niveau : seulement 17 % pour l'ensemble de ses candidats, à comparer avec les 33 % rassemblés dans ce milieu par l'extrême droite au premier tour. Le camp conservateur est alors presque totalement déprolétarisé. Précisons que l'attitude électorale des employés ne se distingue guère, dans ses grandes lignes, de celle des ouvriers, que nous venons d'examiner. Et rappelons que l'ensemble ouvriers plus employés représente plus de la moitié de l'électorat actif.

Reconquête populaire

La droite revient donc de très loin. Nicolas Sarkozy a parfaitement saisi l'enjeu stratégique du vote populaire. Les défaites spectaculaires essuyées par la majorité lors des élections régionales et européennes de 2004 ont confirmé qu'il influe de façon décisive sur l'issue du scrutin. La victoire du « non » au référendum constitutionnel européen du

29 mai 2005 constitue une autre démonstration de cette règle des batailles électorales un peu négligée : le gagnant est souvent celui qui a su convaincre les catégories populaires.

Le président de l'UMP a hissé la reconquête de ces dernières au rang de priorité stratégique. La thématique sécuritaire et celle de la lutte contre l'immigration clandestine sont destinées à forcer leur écoute. Sarkozy assume ouvertement le projet de récupérer les voix du Front national. « On devrait plutôt se réjouir qu'un dirigeant d'une formation politique républicaine aille les chercher un par un pour les convaincre que Le Pen est une impasse et de revenir dans une droite républicaine enfin réveillée », se défend-il, le 23 avril 2006, devant les nouveaux adhérents de son parti dans un discours centré sur... l'immigration. « S'il y en a que cela gêne d'être en France, ajoute-t-il, qu'ils ne se gênent pas pour quitter un pays qu'ils n'aiment pas. »

Dès le 20 juin 2005, une note rédigée par Alain Marleix, secrétaire national aux élections, se félicitait d'un « recul de l'extrême droite aux élections cantonales partielles » depuis l'arrivée de Sarkozy à la tête de l'UMP. Manuel Aeschlimann, spécialiste de l'opinion pour ce parti, confie qu'« à l'intérieur de l'électorat frontiste on estime à 10 % le nombre de personnes qui peuvent voter Sarkozy en privilégiant la question de la sécurité par exemple [1] ». Aeschlimann est persuadé que les électeurs n'ont plus d'affiliation idéologique et qu'ils votent sur les enjeux. Aussi espère-t-il que son candidat réussira à faire apparaître l'insécurité comme un problème central pour attirer à lui l'électorat populaire.

---

1. Philippe Ridet, « Nicolas Sarkozy droitise son discours pour attirer l'électorat du FN », *Le Monde*, 23 juin 2005.

Dans son entreprise de récupération des voix du FN, l'UMP est involontairement aidée par une certaine extrême gauche qui s'efforce d'accréditer l'équation Sarkozy = Le Pen. Lorsque Act-Up colle des affiches « Votez Le Pen » ornées du portrait du ministre de l'Intérieur, l'effet est au moins à double tranchant. L'électorat lepéniste ne risque-t-il pas d'être incité à « voter utile » ?

Au demeurant, Sarkozy a l'habileté de ne pas cibler uniquement ceux qui se sont laissé séduire par l'extrême droite : il prend soin de parler dans un même mouvement aux anciens électeurs communistes. « L'électeur du Front national comme l'électeur du Parti communiste n'appartiennent à personne[1] », lance-t-il le 18 juin 2006 dans une tribune consacrée... au gaullisme. « Je veux aussi m'adresser à la gauche populaire, à tous ces gens qui vivent dans les quartiers et qui ont eu le sentiment d'être abandonnés par la République depuis tant d'années[2] », déclarait-il un peu plus tôt, en avril. Sarkozy chasse sans complexes sur les terres laissées en friche par le déclin communiste et l'embourgeoisement socialiste.

La droite profite aussi des mutations qui affectent les catégories populaires. Le chômage de masse, la montée de la précarité et la compression du pouvoir d'achat ont engendré une frustration qui s'exprime parfois à travers l'angoisse sécuritaire et le rejet des immigrés. Le cortège de problèmes créés par une immigration mal régulée suivie d'une intégration incomplète creuse de nouvelles oppositions au sein même des classes populaires. C'est la fracture

---

1. Nicolas Sarkozy, « Le gaullisme, la France et nous », *Le Journal du dimanche*, 18 juin 2006.
2. Nicolas Sarkozy, « Pour une immigration choisie », discours devant les nouveaux adhérents de l'UMP, Paris, 23 avril 2006.

ethnique. Après l'extrême droite, la droite est tentée de s'en saisir, même si elle le fait de manière moins caricaturale.

Le discours sarkozien s'adresse d'abord à la fraction de l'électorat populaire qui craint un déclassement social et un basculement dans le « lumpenprolétariat », celle qui s'irrite des dérives de l'aide sociale et qui juge insuffisant l'écart entre revenus d'assistance et revenus d'activité. Aussi Sarkozy ne cesse-t-il de célébrer « la France qui se lève tôt et travaille dur [1] », ou encore « la France qui se lève tôt pour rejoindre l'usine ou le bureau [2] ». Le candidat de la droite se range du côté des « travailleurs » contre les « profiteurs » du système. Il joue de l'aigreur de ceux qui pestent contre les catégories « assistées ». L'aide sociale est d'autant plus contestée, dans certains milieux populaires, qu'elle recoupe en partie des réalités ethniques. Comme on l'a vu aux États-Unis, l'esprit de solidarité recule quand les plus pauvres appartiennent majoritairement à des communautés « raciales » différentes.

Sarkozy s'adresse enfin aux catégories populaires qui aspirent à une promotion sociale. D'où ses discours récurrents à la gloire de ceux qui « veulent gagner plus en travaillant plus ». D'où aussi le mot d'ordre de « discrimination positive » destiné à favoriser l'émergence d'une élite issue de la jeunesse d'origine immigrée. La droite profite de la montée de l'individualisme au sein des couches populaires, que le recul des idées d'émancipation collective conduit à se tourner vers des stratégies familiales et individuelles. Les vives préoccupations qui entourent le choix de son école ou

---

1. Nicolas Sarkozy, « Pour une France plus juste », Douai, 27 mars 2006.
2. Nicolas Sarkozy, « Réformer pour construire », Paris, 13 mai 2006.

de son lieu d'habitation sont les conséquences logiques d'une telle évolution des mentalités.

À la fin de la précampagne pour la présidentielle de 2007, les efforts de l'UMP semblent payants. En septembre 2006, les intentions de vote en faveur de Sarkozy dans les catégories des ouvriers et des employés dépassent celles en faveur de Ségolène Royal[1]. C'est d'autant plus notable que la candidate socialiste, par ses sorties sur l'insécurité ou les 35 heures, a cherché à s'attirer les bonnes grâces de l'électorat populaire. Notons aussi que, dans toutes les enquêtes, Sarkozy domine très nettement Jean-Marie Le Pen chez les ouvriers et les employés. Le pari de la reconquête des voix populaires passées à l'extrême droite peut être gagné. Selon TNS-Sofres, plus du quart des personnes qui ont voté Le Pen en 2002 auraient l'intention de soutenir Sarkozy au premier tour de l'élection présidentielle[2]. Cette proportion est même montée à 40 % dans l'enquête réalisée par le même institut début octobre 2006, à un moment où l'actualité était dominée par des violences dans les cités et par l'affaire des squatters expulsés de Cachan[3].

Ces résultats ne doivent pas faire oublier les performances de Sarkozy dans les couches les plus favorisées. Les intentions de vote en sa faveur croissent avec le revenu : de 36 % chez les foyers qui gagnent moins de 1 200 euros par mois à 45 % chez ceux qui gagnent plus de 3 000 euros[4]. Sarkozy fait un tabac dans les catégories traditionnellement les plus favorables à la droite : 81 % chez les agriculteurs et 60 % chez les artisans, commerçants et chefs d'entreprise au premier tour. En ce qui concerne les salariés, son

---

1. Enquêtes CSA, Ipsos et TNS-Sofres réalisées de fin août à mi-septembre 2006.
2. Enquête TNS Sofres-RTL-*Le Figaro*-LCI, 3-4 septembre 2006.
3. Enquête TNS Sofres-RTL-*Le Figaro*-LCI, 4-5 octobre 2006.
4. Enquête Ipsos-*Le Point*, 18-19 août 2006.

influence est beaucoup plus grande parmi ceux du secteur privé (30 %) que dans le public (18 %) [1]. Le message libéral a bien été entendu.

L'alliance de classes qui se dessine à droite relie une fraction des couches populaires à une part des couches aisées de la population. C'est dans les classes moyennes salariées, aussi peu attirées par le libéralisme économique que par le conservatisme sociétal, qu'elle est la moins influente. Le vote Sarkozy ne progresse pas significativement avec le niveau d'éducation.

La droite française opère une sorte de mouvement de contournement de ce groupe central par le haut et par le bas. Elle parvient à nouer une entente entre riches et pauvres qui rappelle l'expérience de son homologue américaine.

Cocktail américain

La droite américaine a été pionnière dans l'art de se forger une large « base de classe ». Cette évolution est antérieure à l'ère reaganienne. Serge Halimi explique comment la « coalition progressiste » des élites démocrates et des couches populaires s'est progressivement désintégrée dans les années soixante : « Une nouvelle droite étend son influence dans les couches populaires, enfonce un coin entre le monde ouvrier et les syndicalistes, utilise la polarisation raciale, la panique morale et la hantise de l'insécurité, avec pour résultat que, à partir de 1964, la majorité des Blancs va voter républicain *à chaque scrutin présidentiel.* » La droitisation des catégories populaires est inséparable de la réaction aux mouvements progressistes de ces années-là.

---

1. Enquête CSA-*Le Bleu de Profession politique*, 13-14 septembre 2006.

Halimi souligne le lien entre conservatisme sociétal et libéralisme économique : « L'aspiration au retour à l'ordre (social, racial, sexuel) s'accroît au rythme de la déstabilisation induite par les "réformes" économiques néolibérales [1]. »

Ronald Reagan gagne les élections présidentielles de 1980 et 1984 grâce au soutien d'une importante partie de l'électorat populaire qui était encore d'affiliation démocrate. Le scénario se répète en 2004, à ce détail près que les votes populaires qui se portent sur George W. Bush sont désormais d'obédience républicaine [2]. La conquête de l'Amérique d'en bas par le Parti républicain ne signifie pourtant pas que celui-ci s'est mué en parti des pauvres. Le vote Bush de 2004 progresse régulièrement avec le revenu : de 36 % dans la tranche des moins de 15 000 dollars à 63 % parmi les revenus supérieurs à 200 000 dollars [3]. Mais le candidat républicain recueille tout de même 45 % des suffrages dans la petite moitié de l'électorat qui gagne moins de 50 000 dollars par an. La droite américaine dispose désormais d'une large assise sociale.

Ce n'est pas n'importe quel peuple qui vote pour elle. Bush est majoritaire (53 %) dans la moitié des votants les moins éduqués (*no college degree*). La question raciale joue un rôle majeur pour la fraction de l'électorat populaire qui soutient la droite. Chez les électeurs blancs, Bush l'emporte sur son adversaire dès la tranche de revenus 15 000-30 000 dollars. Aux États-Unis, le critère des revenus n'arrive qu'en quatrième position dans l'ordre des facteurs explicatifs du vote, derrière la race, la pratique religieuse et

---

1. Serge Halimi, *Le Grand Bond en arrière. Comment l'ordre libéral s'est imposé au monde*, Fayard, 2004.

2. The Pew Research Center, « GOP makes gains among the working class, while Democrats hold on to the Union vote », 2 août 2005.

3. CNN, sondage sortie des urnes, novembre 2004. www.cnn.com/ELECTION/2004/pages/results/states/US/P/00/epolls.0.html.

le sexe[1]. Le vote populaire de droite est avant tout celui d'hommes blancs emprunts de religiosité. Les conservateurs excellent à exploiter les facteurs culturels à leur profit. La géographie électorale éclaire d'une autre manière la composante populaire du vote de droite. Les États américains qui votent démocrate appartiennent aux régions riches du Nord-Est et de l'Ouest alors que ceux qui votent républicain se situent dans les zones plus pauvres du centre du pays. La gauche américaine serait-elle devenue celle de l'Amérique riche ? C'est un cliché assez répandu. Certains médias proches des républicains aiment présenter les démocrates comme un parti affreusement élitiste et coupé du peuple. Ce jugement n'est que partiellement exact. Au sein de chaque État, les électeurs riches continuent à voter plutôt républicain et les pauvres démocrate[2]. C'est l'équilibre politique des États pauvres qui est globalement décalé à droite. Autrement dit, dans les États les moins riches, les pauvres votent plus à droite que dans les États les plus riches. Le « peuple de droite » américain est plus influent dans les zones rurales que dans les grandes agglomérations urbaines.

Le glissement à droite des catégories populaires doit aussi beaucoup aux mutations du Parti démocrate. Soucieux de se défaire de son ancienne image de parti des minorités et des pauvres, il s'est engagé dans un recentrage idéologique aux lourdes conséquences sociologiques. Les « nouveaux démocrates » ont distendu les liens qu'entretenait leur formation avec les syndicats. Ils ont délaissé tout discours s'adressant

---

1. The Pew Research Center, « GOP makes gains among the working class, while Democrats hold on to the Union vote », art. cité.
2. Andrew Gelman, Boris Shor, Joseph Bafumi, David Park, « Rich state, poor state, red state, blue state : who's voting for whom in presidential elections ? », Meeting of the Midwest Political Science Association, 23 avril 2005. www.stat.columbia.edu/~gelman/research/unpublished/redblue11.pdf.

prioritairement aux plus démunis. Leur obsession d'être compris par les « classes moyennes » les empêche de porter attention aux intérêts d'un électorat populaire qu'ils ont tendance à minorer.

Dans un document révélateur de l'univers de pensée de ces New Democrats [1], Stephen Rose, économiste au Progressive Policy Institute, pourfend vigoureusement le risque de « populisme ». « Maintenant que la vieille classe ouvrière a été englobée dans une large classe moyenne », explique-t-il, le vote de classe doit être oublié. Les électeurs se détermineraient sur la base de leurs expériences et de leurs intérêts personnels, le tout influencé par leur perception subjective de l'état de la société. C'est la thèse du vote sur enjeux sous l'emprise d'une communication politique habile à les mettre en scène.

Rose s'en prend aux démocrates de gauche, accusés de surestimer la proportion de la population pauvre. Statistiquement, 40 % des Américains bénéficient plus ou moins régulièrement des programmes d'aides sociales. Mais notre « nouveau démocrate », adoptant une vision résolument individualiste, choisit de ne prendre en compte que les personnes ayant besoin d'aides pendant quinze années. Ce tour de passe-passe lui permet de ramener à 23 % la proportion de « ceux qui ont un intérêt personnel et direct à soutenir les programmes d'aides sociales ». Comme si ces politiques n'étaient d'aucune utilité pour les personnes rencontrant des difficultés plus passagères. Et comme si elles n'étaient conçues que pour des pauvres décidés à végéter dans leur triste condition.

---

1. Stephen Rose, « The trouble with class-interest populism », Progressive Policy Institute, avril 2006. www.ppionline.org/ppi_ci.cfm?knlgAreaID=114&subsecid=144&contentid=253831.

Grâce à ce calcul, Rose peut assener la conclusion qui lui tenait à cœur : électoralement parlant, les démocrates seraient mal inspirés de se préoccuper d'une minorité aussi réduite. L'économiste souligne que la population américaine, majoritairement riche, soutient fermement le système économique en place. Les salariés sont désormais persuadés que leurs propres intérêts sont corrélés avec ceux des entreprises pour lesquels ils travaillent. Les emplois les mieux rémunérés, ajoute-t-il, sont de plus en plus nombreux tandis que les emplois non qualifiés se raréfient. Il n'y aurait donc guère lieu de s'occuper d'une Amérique pauvre en voie d'extinction. En conclusion, Rose suggère au Parti démocrate de « continuer à avancer dans sa fière tradition de promotion des chances économiques de chacun dans la société » et de se centrer sur « les aspirations des classes moyennes du XXIᵉ siècle ».

Tel est le paradoxe des stratégies sociales mises en œuvre par les deux partis américains : les démocrates font les yeux doux aux catégories privilégiées, les républicains ne cessent de parler des simples gens. Les deux discours sonnent assez faux au regard de certaines réalités sociologiques. Mais ces représentations de l'espace public brouillent les repères pour le plus grand profit de la droite, qui parvient à s'attirer le soutien de catégories populaires délaissées par la gauche. Le phénomène s'observe aussi au Royaume-Uni.

Désalignement anglais

S'il est un pays où l'expression « vote de classe » a un sens, c'est bien la Grande-Bretagne. La *working class* a longtemps soutenu massivement les travaillistes tandis que les *upper* et *middle class* appuyaient les conservateurs. Des années quarante aux années soixante, cet alignement est impressionnant : environ les deux tiers de la *working class* votent travailliste. Un ordre électoral admirable qui s'effrite à partir des années soixante-dix. En 1979, date de l'arrivée au pouvoir de Margaret Thatcher, la proportion de « travailleurs » (C1 *upper working class* et C2 *lower working class*) votant à gauche tombe à 57 %. En 1987, une majorité des salariés les plus modestes (C2) vote même pour les conservateurs. La politique menée par Thatcher, qu'il s'agisse de son discours d'ordre ou de ses programmes d'acquisition de logements, séduit une fraction notable des couches populaires.

Sur ce plan comme sur d'autres, le blairisme complète le thatchérisme. Au Royaume-Uni aussi, la gauche s'est mise à lorgner vers les classes moyennes pendant que la droite marquait des points dans les milieux populaires. Le recentrage des travaillistes sous la houlette de Tony Blair a permis au New Labour de gagner en influence au sein des classes privilégiées. En 2001, le vote conservateur des catégories les plus aisées (A *upper class* et B *middle class*) n'a pas dépassé les 40 %.

Ce double phénomène d'embourgeoisement de la gauche et de prolétarisation de la droite donne désormais un tour interclassiste au vote britannique. Les couches populaires sont politiquement très divisées. Aux élections de 2005, la *upper working class* a privilégié les conservateurs (37 % contre 32 %) alors que la *lower working class* a plutôt voté pour les travaillistes (40 % contre 33 %)[1]. Soulignons toutefois que, par rapport au scrutin précédent, la gauche a fortement reculé dans les catégories populaires. Le taux d'abstention a également grimpé dans cette partie de l'électorat. Le blairisme a bel et bien accéléré la droitisation du vote populaire. Vestige de l'ancienne « conscience de

---

1. Ipsos Mori : www.mori.com/polls/2005/election-aggregate.shtml.

classe », les salariés modestes qui se disent « fiers d'appartenir à la *working class* [1] » demeurent toutefois plus enclins à voter travailliste.

Le parallèle entre les évolutions observées en France, aux États-Unis et en Grande-Bretagne est frappant. Dans ces trois pays, l'équation peuple = gauche est en crise. La droite parvient de mieux en mieux à réaliser une audacieuse alliance de classes entre les privilégiés et les démunis. Pour attirer ces derniers, elle mobilise avec succès la thématique des valeurs et réussit à faire passer au second plan les intérêts sociaux. Au nom de la « loi » et de « l'ordre », des électeurs inquiets se réfugient dans les rangs conservateurs. La question ethnique joue aussi un rôle décisif dans la droitisation des couches populaires. Plus celles-ci se sentent divisées selon des critères raciaux ou culturels, moins elles ont conscience de leur solidarité. La droite exploite enfin la peur engendrée par la pression immigrationniste en se présentant comme un rempart contre la dissolution des identités nationales.

La nouvelle alliance de classes de la droite est née de la révolution culturelle conservatrice qui s'est répandue dans les pays occidentaux en réaction au progressisme des années soixante. Elle poursuit aujourd'hui son œuvre grâce à l'embourgeoisement de la gauche et à la montée de valeurs réactionnaires au sein même de l'électorat populaire.

---

1. Ipsos Mori : www.mori.com/mrr/2002/c020816.shtml.

CHAPITRE 4

La conquête des esprits

Le mythe de la fin des idéologies fait un peu vite oublier que la politique reste fondamentalement une bataille d'idées. La mode de la « politique de proximité » et le triomphe des mises en scène médiatiques ne doivent pas faire illusion. C'est en apparence que tout n'est plus que ruse et communication. La vie politique française s'américanise, certes, et les débats deviennent à la fois plus personnalisés et plus superficiels. Ils n'en demeurent pas moins surdéterminés par les représentations idéologiques. Si celles-ci n'ont plus la densité qu'elles avaient, en France, du temps de la splendeur du marxisme, les idées comptent toujours derrière les hommes et les coups. Le camp qui impose le thème de la dispute en tire un avantage décisif. Celui qui transforme sa lecture de la société en sens commun recevra aisément l'approbation populaire.

Aux États-Unis, la révolution conservatrice fut préparée par un long et fructueux travail idéologique. Aujourd'hui même, la droite américaine domine le débat grâce à un puissant réseau de laboratoires d'idées. La France n'en est pas là. Les efforts de la droite pour organiser la conquête des esprits y demeurent modestes. Elle marque pourtant des points. La figure de l'intellectuel de gauche, qui a longtemps complexé le camp conservateur, est en crise profonde. La droite profite lentement mais sûrement de la mutation idéologique d'intellectuels qui ont cessé de lui être hostiles par principe.

Guerre des idées

Aux États-Unis, si les universités demeurent souvent des places fortes de la gauche, la droite s'est forgé des institutions intellectuelles de qualité. Ce sont les fameux *think tanks*, terme que l'on peut traduire imparfaitement par « réservoirs d'idées ». Avec leurs énormes moyens financiers, comme le souligne le politologue Bruno Tertrais, ils ont su attirer « des gens qui n'avaient pas trouvé leur place dans l'université ». « Aux États-Unis, la droite est en train de gagner la bataille des idées [1] », ajoute-t-il. Les *think tanks* progressistes, comme la vénérable Brookings Institution, campent sur la défensive. L'hégémonie de la pensée libérale se traduit par une série de prix Nobel d'économie qui fait la part belle à ses théoriciens. Surtout, les *think tanks* de la droite américaine sont extrêmement performants sur la scène publique. Ils excellent à faire relayer leurs idées phares par les nombreux médias proches de leur camp. Et ils ont un accès direct à des décideurs qu'ils alimentent en permanence de leurs analyses et propositions.

Ce changement de climat idéologique doit beaucoup à l'action volontariste de minorités convaincues. « Nombre de travaux historiques ont montré le rôle qu'ont joué les *think tanks* dans la production et l'imposition de l'idéologie néolibérale qui gouverne aujourd'hui le monde [2] », rappelait

---

1. Entretien avec l'auteur, 21 juin 2006.
2. Thomas Ferenczi, « Les intellectuels dans la bataille », *Le Monde*, 19 janvier 2001.

Pierre Bourdieu. « Les idées ont des conséquences [1] », souligne Serge Halimi après avoir décortiqué l'effort intellectuel des libéraux pour acquérir l'hégémonie idéologique qui est la leur aujourd'hui aux États-Unis.

À condition de voir à long terme et de s'appuyer sur des tendances de fond, de petits groupes déterminés de penseurs peuvent exercer une forte influence. Un cas d'école reste celui de la désormais fameuse Société du Mont Pèlerin. Cette société de pensée farouchement libérale et élitiste se réunit pour la première fois en Suisse en avril 1947. Son pape n'est autre que l'économiste autrichien Friedrich von Hayek. À l'origine, elle rassemble seulement 39 membres triés sur le volet. Le but n'est pas de faire nombre mais de combattre efficacement la pensée tant marxiste que keynésienne. « Il a beaucoup fallu penser pour les marchés avant que ne se généralise l'idée qu'on ne pourrait plus le faire contre eux [2] », observe Halimi.

Le succès a dépassé toutes les espérances des fondateurs. La Société du Mont Pèlerin est devenue une sorte d'internationale intellectuelle libérale qui compte aujourd'hui quelque 500 membres [3]. Mieux, six d'entre eux ont été couronnés par un prix Nobel d'économie, dont Hayek lui-même, mais aussi Milton Friedman ou encore James Buchanan. Si cette société cultive toujours la discrétion, elle se situe au cœur d'un vaste réseau d'instituts, de fondations et de clubs qui distillent la pensée libérale en Amérique et dans le monde entier. Et elle a fait des émules. De plus en plus d'honorables cénacles internationaux rassemblent les décideurs qui comptent autour des penseurs qui les alimen-

---

1. Serge Halimi, *Le Grand Bond en arrière, op. cit.*
2. *Ibid.*
3. Laurence Caramel, « La Société du Mont Pèlerin, tête pensante et réseau d'influence », *Le Monde*, 25 janvier 2000.

tent. À la célèbre Commission trilatérale s'ajoute notamment le plus confidentiel « groupe Bilderberg », qui mêle financiers, industriels, responsables politiques et dirigeants de médias.

Les États-Unis abritent aujourd'hui un nombre impressionnant de *think tanks*. Ces institutions tiennent à la fois, et en proportions variables, du laboratoire intellectuel et de l'instrument de combat idéologique. Le concept n'est pas une création de la droite américaine. Les premiers *think tanks* étaient la Fabian Society britannique, fondée en 1884, et la Brookings Institution américaine, née en 1916, toutes deux de sensibilité progressiste. Le terme lui-même n'est employé que depuis les années cinquante. Les *think tanks* ont surtout fleuri aux États-Unis dans les années soixante-dix.

Leur nature a profondément évolué. « Au départ, *think tanks* suggérait recherche, excellence universitaire et rapports presque exclusifs avec les experts conseillant le pouvoir et l'armée [1] », rappelle Halimi. La Brookings Institution et la Rand Corporation ont produit de solides études. Mais les impératifs du combat politique et la montée en puissance des médias ont changé la donne. Les *think tanks* sont devenus des armes de propagande plus ou moins sophistiquées. « Un membre du Congrès n'est pas une personne ordinaire : il ne lit pas, il passe en revue [...]. Il ne pense pas, il réagit. C'est pour cela qu'il existe des *think tanks* [2] », confesse crûment Victoria Hughes, dirigeante de la Heritage Foundation, un des plus influents diffuseurs de la pensée conservatrice américaine. Le budget annuel de la fondation s'élevait à 42 millions de dollars en 2005. Elle emploie près de

---

1. Serge Halimi, *Le Grand Bond en arrière*, *op. cit.*
2. Didier Pourquery, « L'industrie des idées aux États-Unis. Des penseurs prospères », *Le Monde*, 18 juillet 1989.

200 personnes. De pedigree reaganien, elle est en prise directe avec le pouvoir politique. Son président s'entretiendrait deux fois par semaine avec Karl Rove, le conseiller politique de George W. Bush[1].

Une majorité de *think tanks* de droite sont rassemblés autour de la Heritage Foundation dans une « coalition pour l'Amérique ». Pénétrés du sentiment d'appartenir à une même famille politique, ils tolèrent de réelles différences de sensibilité, comme sur la question des mœurs. Les néoconservateurs se retrouvent autour de l'American Enterprise Institute, dont le budget est de 25 millions de dollars. Cette institution fonctionne, elle aussi, en osmose avec le Parti républicain. La moitié de ses chercheurs ont travaillé pour l'administration Reagan dans les années quatre-vingt[2]. En 2004, les deux principaux conseillers économiques de Bush en étaient issus, et la femme de Dick Cheney en était membre[3]. L'American Enterprise Institute siège dans le même immeuble que le Project for a New American Century (PNAC), fer de lance de la pensée diplomatique néoconservatrice. Par commodité, cette bâtisse stratégique abrite aussi l'influent hebdomadaire conservateur *The Weekly Standard...*

Le Cato Institute est un autre *think tank* de poids. Il regroupe les libéraux-libertaires, qui préconisent l'immigration libre, critiquent la diplomatie guerrière des néoconservateurs et prônent la suppression des impôts directs. Cet institut a levé 15 millions de dollars en 2004. Ses positions iconoclastes ne gênent pas la galaxie de la droite intellectuelle américaine. « Dans une société fondamentalement

---

1. Serge Halimi, *Le Grand Bond en arrière, op. cit.*
2. Didier Pourquery, « L'industrie des idées aux États-Unis. Des penseurs prospères », art. cité.
3. Babette Stern, « En période électorale, les *think tanks* sont aussi des outils de propagande », *Le Monde*, 28 octobre 2004.

conservatrice, les desseins traditionalistes peuvent être défendus par des moyens libertaires [1] », confie, avec un brin de cynisme, Ralph Reed, conseiller politique de George W. Bush et ancien président de la Coalition chrétienne.

La droite américaine est alimentée par toute une brochette d'institutions qui défrichent le chemin et préparent les esprits à ses politiques. Les *think tanks* opèrent comme des chars dans la guerre idéologique. La production intellectuelle originale n'occupe qu'une petite partie de leurs travaux. Ils consacrent en revanche beaucoup d'efforts à faire passer leurs idées dans les médias et le grand public, et pèsent lourd dans le débat politique.

Balbutiements français

La droite française est très loin de disposer de pareils atouts. Les *think tanks* de l'Hexagone font pâle figure en regard de leurs homologues américains. Rares sont les organismes qui participent au débat public en y investissant une véritable production intellectuelle. Émanation d'une trentaine de grands groupes, l'Institut de l'entreprise est centré sur les questions économiques et sociales. D'une tonalité libérale avancée, l'institut Montaigne intervient sur un plus vaste éventail de problèmes tout en se gardant de toute implication politique trop poussée.

Le patronat s'est néanmoins investi de différentes manières, ces dernières décennies, dans le débat d'idées. « Ce n'est pas dans le champ politique que s'est initialement amorcée la dynamique libérale, mais dans l'univers patronal [2] », remarque François Denord. L'Institut de l'entreprise

---

1. Serge Halimi, *Le Grand Bond en arrière*, *op. cit.*
2. François Denord, « La conversion au néolibéralisme », art. cité.

mais aussi des organisations comme ETHIC (Entreprises de taille humaine industrielles et commerciales) ou l'ALEPS (Association pour la liberté économique et le progrès social) ont musclé le logiciel des partisans du libéralisme.

Ces travaux ont reçu le concours de certains intellectuels, en particulier d'économistes. Le cas le plus emblématique est sans doute celui de François Ewald, devenu un intellectuel organique du Medef après avoir milité au sein de l'extrême gauche maoïste. L'ancien assistant de Michel Foucault se fait remarquer, en 1986, par la publication d'un ouvrage de référence consacré à l'État-providence. Ewald se spécialise ensuite dans l'analyse des risques. Professeur au Conservatoire national des arts et métiers, il devient conseiller à la Fédération française des sociétés d'assurances. « C'est là qu'il croise, au début des années quatre-vingt-dix, Denis Kessler, avec lequel il forme un tandem atypique dont le grand œuvre idéologique apparaît, depuis quelque temps déjà, en pleine lumière [1] », souligne Natacha Polony. Lorsque Kessler, très sensible au débat d'idées, devient le numéro deux du Medef, il pose avec Ewald les bases intellectuelles de la « refondation sociale » prônée par le patronat. L'idée centrale est d'individualiser et d'assouplir les mécanismes sociaux au nom de la culture du risque et de la flexibilité.

On retrouve Ewald dans le projet de Fondation de l'innovation politique. Il préside le « conseil scientifique et d'évaluation » de ce *think tank* conservateur à la française mis sur pied, en avril 2004, par Jérôme Monod, très proche conseiller politique de Jacques Chirac. Le projet affiché de la « Fondapol » est de favoriser la « rénovation intellectuelle de la France ». Mais les liens avec le principal parti de

---

1. Natacha Polony, « François Ewald, de Foucault à Seillière », *Marianne*, 21 juillet 2003.

droite sont, à l'époque de sa création, transparents : l'UMP finance initialement le projet à hauteur de 800 000 euros tandis que la fondation démarche l'ensemble des sociétés du CAC 40[1]. Par ailleurs, le directeur général de la seconde, Franck Debié, est l'ancien directeur des études de l'UMP. La prise de contrôle de ce parti par Nicolas Sarkozy provoquera la coupure des liens avec la fondation. Les nouveaux maîtres de l'UMP la considèrent comme une création chiraquienne et décident de ne plus la financer. La Fondapol est fortement dépendante du financement public, qui représente environ le tiers des 3 millions d'euros de son budget.

La Fondation de l'innovation politique a réussi à attirer une belle brochette d'intellectuels étrangers, comme le Polonais Bronislaw Geremek et le blairiste anglais Stuart Bell, qui siègent à son conseil de surveillance. Ses initiateurs ont également su associer à leur initiative des penseurs éloignés de la droite, comme les philosophes Monique Canto-Sperber et Marcel Gauchet. Sociale-libérale déclarée, la première n'a cependant fait qu'un petit bout de chemin avec la fondation. Sa participation manifestait d'abord son regret face au « mépris dont les intellectuels sont victimes au sein du PS[2] ». Quant à Gauchet, il semble avoir été, comme d'autres, assez déçu par le manque d'ambition intellectuelle de la Fondapol. Plusieurs personnalités ayant participé à ses travaux déplorent une approche trop « technocratique », quand ils ne l'accusent pas de faire passer les nécessités de la propagande avant les exigences de la recherche.

---

1. Paul Lagneau-Ymonet, « Une fondation de l'UMP pour promouvoir le libéralisme et le social-libéralisme », *Mouvements*, septembre-octobre 2004.

2. Nicolas Weill, « La fondation de l'UMP s'ouvre à des intellectuels issus de la gauche », *Le Monde*, 14 mai 2004.

Franck Debié s'inscrit vigoureusement en faux contre ces procès. Il préfère insister sur les effets positifs de la prise d'indépendance de la fondation par rapport à l'UMP. La fondation, affirme son directeur général, se veut « en rupture avec le cycle des programmations politiques ». Son rôle n'est pas de préparer les prochaines échéances électorales. « Notre objectif est de réfléchir pour la génération suivante, à l'horizon de 2020-2040 », ajoute-t-il. La Fondapol privilégie les questions de long terme, qu'il s'agisse de la dette publique ou des changements démographiques. Debié estime qu'il faut prendre exemple sur les néoconservateurs américains. Ceux-ci ont gagné leur hégémonie intellectuelle grâce à « un agenda idéologique à long terme [1] ».

La Fondation pour l'innovation politique se flatte du « luxe de disposer de chercheurs permanents ». Ils sont six à travailler pour elle au cours de missions de dix-huit mois. Cette équipe est très marquée par l'internationalisation, dans sa composition comme dans ses méthodes. Le centre de gravité idéologique de la fondation est sensiblement moins à droite que celui de l'UMP. Debié prend soin de ne pas enfermer ses travaux dans le dogme libéral et d'associer toutes les sensibilités « de droite et de centre droit [2] ». Il se méfie de certaines idées sarkozistes, comme le contrat unique de travail, porteur de risques pour les salariés, ou la mise en concurrence des établissements scolaires.

La droite libérale de combat reste privée, en France, d'un *think tank* à son service. Les sarkozistes ont songé à lancer leur propre fondation, mais l'idée semble avoir fait long feu. L'économiste Jacques Delpla avait travaillé avec François Fillon, conseiller politique de l'UMP, à un projet de ce genre. Ce *think tank* aurait été centré sur les problèmes fran-

---

1. Entretien avec l'auteur, 29 juin 2006.
2. *Ibid.*

çais et aurait pris la forme d'une structure souple à coûts fixes faibles. Craignant de perdre son pouvoir, Emmanuelle Mignon, directrice des études de l'UMP, a mis son veto... De toute manière, Sarkozy n'a jamais tenu les intellectuels en très haute considération.

Complexe d'infériorité

Le climat intellectuel est pourtant bien plus favorable qu'autrefois à la droite. Celle-ci revient de loin dans ce domaine. Les intellectuels de droite ont l'habitude d'être minoritaires en France. Le sociologue Raymond Boudon a cherché à comprendre « pourquoi les intellectuels n'aiment pas le libéralisme ». Allant au-delà des explications psychologiques généralement avancées, comme le « ressentiment » d'intellectuels désargentés contre une bourgeoisie opulente, Boudon décortique les raisons socio-cognitives de leur défiance envers le libéralisme. D'après lui, les intellectuels à la recherche du succès sont tentés d'exploiter, sur le marché des idées, le créneau du mécontentement social. Car, même fausses, les idées font preuve d'une rare résistance si elles sont utiles.

Si le discours antilibéral conserve beaucoup de sa force dans les milieux intellectuels, il n'en est pas moins en crise, remarque Boudon : « Les mouvements de pensée qui composent cette matrice illibérale sont aujourd'hui partiellement discrédités. Mais les *schémas explicatifs* qu'ils ont mis en place ne le sont pas, car ils permettent d'apporter, eux aussi, une réponse à toutes sortes de *demandes* qui surgissent dans les sociétés contemporaines [1]. » Les intellectuels

---

1. Raymond Boudon, *Pourquoi les intellectuels n'aiment pas le libéralisme*, Odile Jacob, 2004.

de gauche gardent jalousement leurs réflexes, mais ils ne disposent plus d'outils réellement opérationnels. Un bourdivisme sommaire survit dans l'ombre portée d'un marxisme savant moribond.

La gauche intellectuelle est aujourd'hui incomparablement plus vivace chez les brocanteurs d'idées que parmi les véritables producteurs. La majorité des « intellectuels » diffusent, commentent et malaxent les idées inventées par d'autres. Enseignants et journalistes pratiquent abondamment ce bricolage intellectuel. Situés en aval du processus de production, par un effet d'inertie, ce sont eux les plus influencés par les anciens schémas de pensée.

Le pessimiste Alain Besançon s'effraie de « l'hégémonie intellectuelle de la gauche » en se référant aux positions de « la masse des enseignants ». « La grande majorité des intellectuels en est restée à l'hégémonie communisante, et seuls des noyaux en sont sortis[1] », s'alarme-t-il. L'hostilité du « peuple intellectuel » au libéralisme renvoie encore à l'aversion, aussi répandue que paradoxale, de ce milieu pour la liberté elle-même. C'était un des thèmes favoris du philosophe Jean-François Revel : « Il existe chez certains intellectuels, et des plus grands, une tendance à vouloir une société totalement organisée et militarisée, où tout serait prévu[2]. » Dans ce cas, la hantise de l'indétermination et l'inclination pour l'obéissance conformiste servent plutôt la gauche.

Les intellectuels de droite ne sont pas seulement minoritaires. Ils souffrent aussi de rapports médiocres avec les dirigeants politiques de leur bord. Alain de Benoist déplore

---

1. Entretien avec l'auteur, 8 juin 2006.
2. Jean-François Revel, « Je ne crois pas que la France soit un pays foncièrement hostile au libéralisme », interview, *L'Expansion*, 30 mars 2000.

une véritable « haine des intellectuels » chez des responsables de la droite qui, ne jurant que par le « réalisme », se contenteraient de plates « évidences ». L'homme politique de droite serait affecté d'une fâcheuse « incapacité à conceptualiser [1] ». « La droite française n'aime pas les idées, ni les intellectuels, elle n'aime pas non plus l'indépendance d'esprit [2] », regrette Jean-Claude Casanova. Au mieux, certains dirigeants de droite utilisent parfois, avec un bel opportunisme, telle ou telle trouvaille intellectuelle. On se souvient de l'exploitation de la thèse de la « fracture sociale », due à Marcel Gauchet et Emmanuel Todd, par Jacques Chirac lors de la campagne présidentielle de 1995.

Et pourtant, les choses bougent dans les rapports entre les intellectuels et la droite. La disparition des grandes figures de l'intelligentsia de gauche fait naître une situation plus équilibrée. Le temps n'est plus où l'image idéalisée du maître à penser, « seul capable d'échapper au mur de la caverne et de dénoncer les illusions du sens commun [3] », impressionnait. Dans un paysage intellectuel marqué par le retour à un certain pragmatisme et au respect de l'autonomie des champs de recherche, la gauche dogmatique recule. Et les lignes se déplacent tendanciellement vers la droite.

« La droitisation du monde intellectuel est évidente », confie Alain-Gérard Slama. Qui sont les nouveaux intellectuels de droite ? « Je ne peux pas les citer parce qu'ils sont tous persuadés qu'ils sont encore de gauche [4] », sourit-il. Malgré les mutations, il reste difficile de porter l'étiquette de droite dans ce milieu. Se revendiquer ouvertement de ce camp, pour un intellectuel, comporte quelques inconvé-

1. Entretien avec l'auteur, 29 mars 2006.
2. Entretien avec l'auteur, 20 juin 2006.
3. Raymond Boudon, *Pourquoi les intellectuels n'aiment pas le libéralisme, op. cit.*
4. Entretien avec l'auteur, 22 mai 2006.

nients. Les rapports avec des médias baignés par l'influence de la gauche n'en seront pas facilités. Ce positionnement renvoie encore à un imaginaire déplaisant, y compris pour ceux qui ont clairement rompu avec la gauche. Esprit libre s'il en était, Jean-François Revel n'a jamais accepté d'être taxé « de droite », contre toute évidence.

De grands intellectuels glissent à droite dans une douce inconscience et une savante ambiguïté. « Beaucoup d'intellectuels, structurellement à gauche, pensent à droite », observait en 2001 Pierre-François Mourier, alors directeur des études de l'UMP. « Sur l'éducation, par exemple, précisait-il, comme Danielle Sallenave ou Alain Finkielkraut. Un intellectuel peut donc être aujourd'hui à la fois de gauche et de droite, ce qui n'est pas sans rapport avec la conception gaulliste [1]. » Ancien proche de la revue *Esprit*, Mourier a lui-même basculé à droite en réaction à la violente hostilité d'une fraction de la gauche au plan Juppé de 1995.

Le cas d'Alain Finkielkraut est révélateur de l'évolution vers la droite du milieu intellectuel français. Figure de la gauche antitotalitaire, ce philosophe critique depuis longtemps la pensée issue du mouvement de Mai 68. Finkielkraut est tout sauf une girouette : sa trajectoire se caractérise par la cohérence. Mais sa place dans l'espace public n'en a pas moins radicalement changé au cours des dernières années. Son procès de la modernité est devenu de plus en plus sévère au fur et à mesure que s'approfondissaient la crise de la société française et l'incapacité de la classe politique à y faire face. En osant dire crûment, au risque parfois de dérapages verbaux, quelques vérités cachées, Finkielkraut s'est attiré la condamnation sans appel de la « gauche

---

1. Raphaëlle Bacqué et Nicolas Weill, « La droite tente de surmonter son complexe à l'égard des intellectuels », *Le Monde*, 16 septembre 2001.

morale ». Par ricochet, c'est à droite qu'il a trouvé de nouveaux appuis. « M. Finkielkraut est un intellectuel qui fait honneur à l'intelligence française, et s'il y a tant de personnes qui le critiquent, c'est peut-être parce qu'il dit des choses justes[1] », déclare Nicolas Sarkozy au moment de la polémique déclenchée par les propos du philosophe sur les émeutes urbaines de novembre 2005 dans le journal israélien *Haaretz*.

L'itinéraire de Max Gallo est parlant d'une autre manière. Au début des années quatre-vingt, l'écrivain pointait « le silence des intellectuels », coupables de ne pas défendre vaillamment la gauche au pouvoir. Secondé par François Hollande, Gallo fut le porte-parole du gouvernement de Pierre Mauroy. Membre éminent de la gauche républicaine, il s'est ensuite rapproché de Jean-Pierre Chevènement, dont il a présidé le comité de soutien pendant la campagne présidentielle de 2002. Mais sa détestation grandissante de la « gogoche » a fini par donner libre cours à son tropisme droitier. Gallo s'est laissé séduire par Sarkozy. Le 21 juin 2006, sur le plateau de France 2, il se dit « tout à fait d'accord » avec la vision de la France développée par le président de l'UMP dans son discours de Nîmes du 9 mai précédent. « J'affirme que ce discours mériterait d'être lu et relu », s'enthousiasme l'écrivain populaire, qui glisse pudiquement sur les raisons de la soudaine découverte de la thématique nationale par le candidat de la droite.

Moins faciles à cerner, d'autres itinéraires suggèrent une mutation politique de l'intelligentsia. Marcel Gauchet est, à coup sûr, l'un des intellectuels les plus féconds de la dernière période. Par ses analyses subtiles et originales, il s'est assuré une écoute de qualité dans l'espace public. L'ancien gauchiste est tôt sorti de sa « gueule de bois théorique »

---

1. Grand Jury RTL-LCI-*Le Figaro*, 4 décembre 2005.

post-soixante-huitarde par le rude chemin de l'étude. Au contact de François Furet puis de Pierre Nora, il est devenu le rédacteur en chef de la revue *Le Débat*, située à cheval entre la droite et la gauche modérées. Son entrée, en 1989, au Centre de recherches politiques Raymond Aron lui a donné une image de libéral atypique. Au désespoir de certains de ses amis, Gauchet a accepté de participer, sans grande illusion, comme « contributeur conseiller » à la Fondation pour l'innovation politique, proche de la droite. Il espère toujours pouvoir un jour « travailler pour une gauche sensée [1] ». À l'heure actuelle, c'est plutôt une certaine droite qui s'intéresse à sa production.

On voit apparaître un nouveau centre intellectuel constitué par des déçus de la gauche qui répugnent à rejoindre les rangs de la droite. « Le rapprochement fusionnel entre la droite du centre et la gauche du centre a rendu les frontières si poreuses qu'un Luc Ferry pourrait passer d'un ministère Raffarin à un ministère Fabius sans avoir même l'air de retourner sa veste [2] », grince le trotskyste Daniel Bensaïd. Les étiquettes sont devenues trompeuses. Nombre d'intellectuels d'envergure, de manière assez artificielle, continuent à s'afficher comme étant de gauche. Pierre Nora clame haut et fort avoir voté Jospin en 2002, mais sa foi socialiste est plutôt sujette à caution. Beaucoup d'intellectuels de gauche « ne se rendent pas compte qu'ils ont changé de camp [3] », note Jean-François Kahn. Il y a ceux qui se mentent à eux-mêmes et ceux qui se dissimulent aux yeux des autres. Le très libéral économiste Jacques Marseille, lui-même ancien communiste, s'en amuse :

---

1. Entretien avec l'auteur, 28 juin 2006.
2. Daniel Bensaïd, « Les nouveaux caniches de garde », *Rouge*, 19 janvier 2003.
3. Maurice T. Maschino, « Intellectuels médiatiques : les nouveaux réactionnaires », *Le Monde diplomatique*, octobre 2002.

« Malheureusement, lorsque j'affirme que nous ne pouvons continuer à vivre comme si nous étions une sorte d'Union soviétique qui laisse bourgeonner les déficits et s'aggraver la ségrégation, mes amis de gauche me répondent que j'ai raison, mais qu'il ne faut pas le dire, et ceux de droite, que j'ai raison, mais que c'est impossible à faire[1]. » L'éthique de conviction est gravement malade chez certains penseurs.

Les « nouveaux réactionnaires » existent bel et bien, même si la polémique qui a embrasé le Paris intellectuel à l'automne 2002 autour de ce concept n'était pas exempte de motivations politiciennes. L'essayiste Daniel Lindenberg avait lancé un tir groupé contre les intellectuels coupables d'être « contre la culture de masse, contre les droits de l'homme, contre 68, contre le féminisme, contre l'antiracisme, contre l'islam[2] ». Dans sa charge un peu brouillonne, l'auteur s'en prenait à des auteurs de statuts et de convictions variés, de Pierre-André Taguieff à Michel Houellebecq en passant par Marcel Gauchet ou Philippe Muray.

Réagissant vivement, et avec de solides arguments à l'appui, au procès qui leur était fait, plusieurs intellectuels ont publié dans *L'Express* un texte qui témoigne, à sa manière, de l'existence de ce courant de pensée. Alain Finkielkraut, Marcel Gauchet, Pierre Manent, Philippe Muray, Pierre-André Taguieff, Shmuel Trigano et Paul Yonnet s'indignaient d'une « dénonciation ignominieuse menée par des moyens qui rappellent les plus beaux jours du stalinisme[3] ».

---

1. Jacques Marseille, « Il manque à la droite d'être à droite », propos recueillis par Pierre-Antoine Delhommais et Alain Faujas, *Le Monde*, 31 mars 2004.

2. Daniel Lindenberg, *Le Rappel à l'ordre. Enquête sur les nouveaux réactionnaires*, Seuil, 2002.

3. « Manifeste pour une pensée libre », *L'Express*, 28 novembre 2002.

C'est un commun rejet de la gauche telle qu'elle est devenue qui assure la convergence d'esprits aussi divers.

« Cela ne me gêne pas du tout d'être traité de nouveau réactionnaire », rétorque Gauchet, qui reconnaît qu'« il y a bien un camp ». Le philosophe ne supporte plus « l'extrême gauche très sectaire, très pauvre, mais très agressive », qui sévit dans ce que l'on pourrait méchamment appeler la « basse intelligentsia ». Il rejette également une « gauche officielle déphasée » par rapport aux questions fondamentales de l'époque. Gauchet précise que les « nouveaux réacs » sont réunis par une « redécouverte du cadre de l'État-nation porteuse d'une profonde critique du libéralisme sur le fond [1] ».

Ces intellectuels réagissent à l'indigence actuelle de la gauche plus qu'ils n'embrassent les valeurs de la droite. Les thèmes républicains qu'ils invoquent peuvent se concrétiser dans des politiques d'orientations diverses, et la prise de conscience des dérives de la société d'aujourd'hui rassemble, à l'occasion, des personnalités de sensibilités contrastées. Un appel intitulé « Républicains, n'ayons pas peur », signé par un groupe de penseurs bigarré, a paru en 1998. Ses auteurs y rappelaient fermement des principes oubliés, sans crainte de passer pour « réactionnaires ». Le texte réclamait notamment plus de sévérité à l'égard des errements des élites comme de la délinquance ordinaire. « C'est en tendant vers une tolérance zéro face à la petite incivilité qu'on pourra demain remédier à l'incivisme en grand [2] », y lisait-on. « Comme les nouveaux conservateurs, je m'inquiète du déclin du courage et surtout du déclin du

---

1. Entretien avec l'auteur, 28 juin 2006.
2. Régis Debray, Max Gallo, Jacques Julliard, Blandine Kriegel, Olivier Mongin, Mona Ozouf, Anicet Le Pors, Paul Thibaud, « Républicains, n'ayons pas peur », *Le Monde*, 4 septembre 1998.

civisme dans nos sociétés individualistes [1] », confesse l'éditorialiste du *Nouvel Observateur*, Jacques Julliard. En redécouvrant les valeurs traditionnelles, une fraction des élites intellectuelles socialisées à gauche manifeste une nouvelle sensibilité droitière.

Aujourd'hui moins que jamais, l'intelligentsia n'est pas « forcément » de gauche. Le mythe français de l'« intellectuel de gauche » mérite d'ailleurs d'être relativisé. Il est terriblement daté. Sa naissance peut être repérée à la fin du XIXe siècle avec l'engagement d'Émile Zola dans l'affaire Dreyfus. Cette figure est désormais moribonde. Personne n'a remplacé les « maîtres à penser » que furent, pour beaucoup, Jean-Paul Sartre ou encore Pierre Bourdieu. Dans l'histoire, les intellectuels français ne se sont au demeurant jamais tous rangés dans le camp de la gauche. De Maurice Barrès à Raymond Aron en passant par Charles Maurras et tant d'autres, l'intelligentsia de droite aussi a marqué la pensée française.

L'engagement à gauche des intellectuels est d'autant moins naturel que leur fonction les prédispose à l'élitisme. Consciemment ou non, ils sont plus proches des dirigeants que du peuple. L'idéalisme, dans le meilleur des cas, ou la soif de notoriété, dans le pire, peuvent les conduire à des prises de position en faveur des plus démunis. Mais leur proximité sociologique avec les décideurs, sans oublier le goût des honneurs, favorise une tendance inverse. Les intellectuels sont infiniment plus ambivalents qu'on ne l'imagine.

La profonde crise de la pensée de gauche est un puissant facteur de droitisation du monde intellectuel. « L'innovation

---

1. Jacques Julliard, « Nouveaux réacs et droit-de-l'hommistes », *Le Monde*, 8 décembre 2002.

spectaculaire est que la droite s'est remise à réfléchir[1] », se réjouit Nicolas Baverez. L'UMP s'est livrée à un travail programmatique au travers de toute une série de conventions thématiques, une initiative qui n'a pas eu d'équivalent du côté socialiste. Le parti de Sarkozy n'a pas hésité à faire appel à l'expertise d'intellectuels de tous horizons. Certes, la droite française ne dispose toujours pas d'une pensée forte. Mais elle profite en creux de l'absence totale de curiosité intellectuelle qui caractérise le PS d'aujourd'hui.

---

1. Entretien avec l'auteur, 1er juin 2006.

CHAPITRE 5

Le naturalisme social

Le rapport des sociétés occidentales à la notion d'égalité est étonnamment paradoxal. La prophétie d'Alexis de Tocqueville, qui faisait de l'aspiration égalitaire le moteur des démocraties, ne s'est qu'imparfaitement réalisée. Dans l'ordre du discours et de la joute symbolique, la passion égalitaire est plus vive que jamais. L'affirmation répétée de l'égalité de tous, l'interdiction officielle des discriminations, le rejet affiché des hiérarchies sont omniprésents. Simultanément, l'inégalité des conditions réelles et le cloisonnement des différents groupes sociaux progressent pourtant d'une manière spectaculaire. L'aspiration égalitaire s'est concrètement affaiblie. Plus l'égalité est formellement célébrée et moins elle est une valeur effectivement respectée.

La représentation individualiste de la société qui se développe s'accommode de cette contradiction. Si chacun est totalement « libre » de ses actes, on peut à la fois proclamer l'égalité de principe et constater l'inégalité de fait entre les personnes. La droitisation des sociétés occidentales se lit au travers de cette conception individualiste désormais dominante. La gauche est historiquement holiste et constructiviste. Elle considère la société comme un tout que la dynamique sociale peut transformer. À l'opposé, la droite moderne a tendance à la voir comme un agrégat d'individus. « La société n'existe pas », avait coutume de dire la très libérale Margaret Thatcher. L'ordre social est alors la résultante de contrats passés entre des individus théoriquement égaux en droit. Et personne n'est fondé à bousculer ces équilibres. Légitimée par les inégalités de talents individuels, l'inégalité sociale est regardée comme un fait de nature.

Ces idées aussi vieilles que le monde ont gagné en modernité avec les mutations du capitalisme. Sa version mondialisée creuse les inégalités comme jamais. La dynamique du système économique est fondée sur le primat de la compétition, générateur d'un clivage obligé entre gagnants et perdants. D'où la nécessité de faire accepter par l'opinion les inégalités sociales comme une fatalité. La droite s'y emploie, au-delà de certaines précautions de langage. Elle agite le mythe de l'égalité des chances pour masquer et justifier l'implacable processus d'éclatement des positions sociales. Car l'explosion des inégalités n'est pas seulement le résultat d'une logique économique aveugle, mais aussi celui de choix politiques obéissant à des intérêts précis.

Acceptation des inégalités

« La République, ce n'est pas l'égalité, c'est l'équité », tranche Nicolas Sarkozy. La distinction sémantique n'est pas anodine. Le dirigeant de l'UMP met en cause « les sentiments de jalousie » qui seraient « propres à un pays qui a fait le choix il y a deux siècles d'inscrire le mot égalité au frontispice de tous ses établissements publics ». Sarkozy ne porte pas dans son cœur la devise républicaine. De son point de vue, l'équité est un concept « autrement plus riche et porteur d'espérance [1] ». Et il ne se réfère pas en cela aux

---

1. Nicolas Sarkozy, *Libre, op. cit.*

thèses du philosophe américain John Rawls, lequel estime que les inégalités sociales ne sont justifiables que si elles sont fondées sur le mérite et si elles profitent à l'ensemble de la société, y compris aux plus défavorisés.

Le mot d'ordre d'équité a pour fonction réelle de légitimer les inégalités. Dans le discours de Sarkozy, la dénonciation de l'« égalitarisme » tient une place centrale. « Le nivellement, l'assistanat, l'égalitarisme ne font pas partie de notre corpus de valeurs », lance-t-il du haut de la tribune du congrès du Bourget. Alors que la société française voit se creuser les inégalités, Sarkozy fait comme si l'aplanissement des conditions était le problème majeur. « L'égalité républicaine, cela ne signifie pas que nous devons tous avoir le même salaire, le même appartement, le même métier, finalement la même vie », ose-t-il proclamer, avant d'assener une phrase qu'il aime à répéter : « Cela signifie que celui qui travaille plus doit gagner plus[1]. » Comme si les inégalités de revenus étaient corrélées avec la charge de travail !

Telle est bien la thèse principale de la droite : les inégalités récompenseraient le travail et le mérite. « Il faut dire que, depuis vingt-cinq ans, tout est fait pour déprécier l'effort, dénigrer le mérite[2] », s'enflamme Sarkozy. La société du mérite qu'il fait miroiter frise l'imposture à l'heure des privilèges et des rentes de situation. « Avec Sarkozy, c'est la société tout entière qui est transformée en gigantesque *Loft Story*, en une *Star Academy* impitoyables[3] », s'indigne l'écologiste Noël Mamère. Le leader de l'UMP rêve d'une « promotion sociale » qui soit « un droit que l'on mérite à

---

1. Discours au congrès de l'UMP du Bourget, 28 novembre 2004.
2. Discours à Agen, 22 juin 2006.
3. Noël Mamère, *Sarkozy mode d'emploi*, Ramsay, 2006.

la sueur de son front[1] ». Le contraste est frappant avec une société française où la reproduction des inégalités sociales, de génération en génération, est de plus en plus implacable. En fait, ce discours sur le « mérite » a surtout pour but de donner une image plus flatteuse des catégories favorisées. « Il faut aimer le succès, clame encore Sarkozy, ceux qui réussissent doivent être des exemples[2]. » Le chef de l'UMP a certes raison de vouloir « banaliser l'échec » et rendre « au succès sa dimension exemplaire[3] ». La société française n'accorde que rarement une seconde chance aux audacieux qui trébuchent. Tout se joue dans les épreuves éducatives qui précèdent l'entrée dans la vie active. Mais la musique sarkozienne peut aussi s'interpréter comme un appel à libérer les faveurs qui pleuvent sur les gagnants.

Il suffit d'inverser son propos pour mesurer ce qu'il a de potentiellement outrageant. Les pauvres seraient-ils sans mérite ? Les salariés modestes travailleraient-ils si peu ? Sarkozy trahit parfois de tels préjugés. « Je veux voir si ceux qui me réclamaient du boulot ce matin sont prêts à se lever tôt », lâche-t-il, le 29 juin 2005, à la cité des 4 000 de La Courneuve. « La France qui se lève tôt » est une antienne de son discours. Comme si le pays se divisait simplement entre les gros travailleurs qui méritent d'être récompensés et les tire-au-flanc qui abusent de la solidarité publique.

Sarkozy ne craint pas de titiller une certaine rancœur sociale. Il accuse la gauche d'exciter la « jalousie » de ceux qui regardent vers le haut de la pyramide avec envie. Mais lui-même exploite l'aigreur des électeurs qui contemplent avec un mépris agacé ceux qui se situent au-dessous de leur

---

1. Discours à la convention de l'UMP sur l'économie, 7 septembre 2006.
2. Discours devant le Congrès juif américain, 26 avril 2004.
3. Nicolas Sarkozy, *Libre*, *op. cit.*

propre condition. Cette stratégie transparaît, par exemple, lorsqu'il exige que « les politiques sociales n'oublient pas les classes moyennes[1] ». Le président de l'UMP use d'une formule frappante pour les définir : ce sont les foyers « toujours assez riches pour payer des impôts, jamais assez pauvres pour bénéficier de prestations[2] ». Bref, ce sont les gens qui en ont marre de payer pour les autres.

Les libéraux les plus radicaux expriment crûment la vision naturaliste des inégalités sociales. « Les disparités statistiques ne sont que le reflet de la disparité des capacités et des préférences », affirme l'économiste Pascal Salin. Cet ultralibéral juge « immoral » le principe d'une redistribution sociale. « Le thème même de l'inégalité n'est en fait rien d'autre que l'expression de la tyrannie démocratique », explique-t-il. Les individus étant les seuls à exister, avec leurs qualités récompensées et leurs défauts sanctionnés, la « violence étatique » n'a rien à corriger, sauf à « voler » les riches pour donner abusivement aux pauvres. « Le prétendu combat contre les inégalités a créé un monde arbitraire, sans règles, sans respect des autres, une énorme machine à briser les hommes, même, et peut-être particulièrement, les plus courageux, les plus honnêtes, les plus généreux[3] », s'inquiète Salin. Contraintes électorales obligent, les dirigeants de la droite libérale ne s'expriment pas aussi brutalement. Mais leurs réflexes antifiscalistes et leurs représentations idéologiques découlent de cette philosophie.

L'acceptation des inégalités, par une sorte de fatalisme social, a des conséquences d'autant plus grandes que les

---

1. Discours à Douai, 27 mars 2006.
2. Discours devant la convention de l'UMP sur les injustices, 30 novembre 2005.
3. Pascal Salin, « Vive l'inégalité ! », *Le Monde*, 10 juillet 1990.

premières s'accentuent sous l'effet d'une compétition économique exacerbée. La dynamique induite par la mondialisation et la financiarisation creuse l'écart entre *winners* et *loosers* à tous les échelons. « Oui, les inégalités croissantes sont effectivement une sorte de tension, elles sont de plus en plus importantes et elles sont un des fondements du fonctionnement de l'économie capitaliste et libérale », reconnaît Xavier Timbeau, directeur du département analyse et prévision de l'OFCE. Et d'ajouter que « les inégalités jusqu'à un certain degré sont une des conséquences souhaitées, en quelque sorte, du fonctionnement de l'économie libérale [1] ».

Noël Mamère condamne « une société de compétition où la seule concurrence individualiste tient lieu de lien social [2] ». Tous les milieux ne sont pas également adaptés à cette nouvelle et féroce règle du jeu. Une intéressante étude menée par une sociologue américaine, Annette Lareau, montre que la manière dont les enfants des familles populaires sont élevés les handicape pour la future compétition sociale [3]. Il n'est nullement question ici de manque de capital culturel ou d'inaptitude éducative des parents. À bien des égards, l'éducation dont bénéficient ces enfants est plus saine que celle que reçoivent ceux des catégories favorisées : les parents insistent plus sur la distinction entre le bien et le mal, ils les laissent organiser eux-mêmes leurs loisirs et respectent mieux le monde particulier de l'enfance.

Au sein des familles aisées, les adultes interviennent nettement plus dans la vie de leur progéniture, au point de lui imposer maintes activités. Ils lui apprennent aussi et surtout l'art de la stratégie sociale. La chercheuse a observé que

---

1. Xavier Timbeau, « Quels nouveaux horizons pour le capitalisme ? », www.lemonde.fr, 9 novembre 2005.
2. Noël Mamère, *Sarkozy mode d'emploi*, *op. cit.*
3. David Brooks, « Both sides of inequality », *The New York Times*, 9 mars 2006.

les enfants des classes populaires étaient plus détendus et épanouis que les autres. Hélas, note le journaliste David Brooks, leurs parents « ne les préparent pas à un monde où l'agilité verbale et la capacité à réussir dans les organisations sont si importantes ». L'essentiel est moins d'apprendre à être heureux que de savoir se battre.

La compétition sociale et économique laisse du monde sur le bas-côté de la route. Si elle profite aux plus éduqués, la mondialisation pèse lourdement sur les salariés les moins qualifiés. En retour, elle limite aussi sérieusement les moyens de corriger ces inégalités. La liberté des mouvements de capitaux et la fluidité géographique des entreprises réduisent considérablement la marge de manœuvre des États. L'argument de la concurrence fiscale est régulièrement avancé pour comprimer les prélèvements publics.

La dynamique inégalitaire en cours ne résulte cependant pas d'un processus automatique ou naturel. Elle est aussi le produit de choix politiques conscients. « Le niveau d'inégalité semble résulter des normes et de la politique sociale, tout particulièrement fiscale, au moins autant que des forces économiques de l'offre et de la demande [1] », écrit le journaliste Alan Krueger en se référant aux travaux de plusieurs économistes. Aux États-Unis, le niveau d'inégalité se réduit après la Seconde Guerre mondiale mais recommence à croître à la fin des années soixante-dix. L'évolution du taux de taxation du capital est pour beaucoup dans ce retournement de tendance. Les rémunérations des privilégiés se révèlent très dépendantes des règles sociales en vigueur ainsi que des décisions politiques.

---

1. Alan B. Krueger, « Economic scene : when it comes to income inequality, more than just market forces are at work », *The New York Times*, 4 avril 2002.

Paul Krugman souligne l'impact des choix sociaux sur la fixation de limites aux inégalités. C'est le New Deal qui impose, pour une longue période, des normes favorisant l'émergence d'une vaste classe moyenne aux États-Unis. La « culture d'entreprise » d'aujourd'hui est d'une inspiration très différente. Si les dirigeants sont autant payés, souligne le journaliste, c'est parce que leur rémunération dépend d'un système particulier dans lequel ils sont juge et partie. C'est moins la main invisible du marché qui est en cause, plaisante Krugman, que « la poignée de main dans le conseil d'administration ». Au-delà de ces connivences, c'est l'ensemble des rapports de forces, matériels et symboliques, entre les *have* et les *have not* qui explique les politiques favorables aux premiers. Krugman n'est pas le seul à constater « la tendance croissante des dirigeants politiques à satisfaire les intérêts des plus riches [1] ».

Le débat sur l'orientation de la politique fiscale est révélateur de ces choix. Il reflète un affrontement entre des représentations contradictoires de l'univers social. Plus on célèbre le mérite et le succès en pilonnant l'« égalitarisme », plus on justifie les comportements permettant aux puissants d'aller au bout de leur position dominante. La société américaine s'est déjà avancée très loin sur ce chemin. En France, le discours de Sarkozy se contente d'en poser quelques jalons. Car le candidat de l'UMP excelle dans l'art de brouiller les cartes. Ne lui est-il pas arrivé de reprocher à la gauche d'avoir « depuis vingt ans accru les inégalités [2] » ? À l'occasion, Sarkozy déplore encore « qu'en vingt-cinq ans la France qui vit de son travail a subi une chute de son

---

1. Paul Krugman, « For richer », *The New York Times*, 20 octobre 2002.

2. Henri Guaino et Nicolas Sarkozy, « Pour en finir avec un mythe », *Le Monde*, 11 avril 2002.

niveau de vie [1] ». Mais ces larmes de crocodile ne l'empêchent pas de prôner une politique avantageuse pour les détenteurs de capitaux et de patrimoine.

Inégalité des chances

Dans une optique libérale, l'inégalité des conditions est légitimée par l'égalité des chances. Les différences de position sociale deviennent acceptables si elles dépendent du travail, du mérite et du talent de chacun. Cela suppose une mobilité sociale qui libère l'individu de toute forme de prédestination par son milieu d'origine. Les États-Unis l'ont érigée en véritable mythe, et Sarkozy s'y réfère explicitement. « Ce que j'apprécie dans la société américaine, c'est sa mobilité sociale », confie-t-il. « On peut partir de rien et avoir une réussite exceptionnelle », s'enthousiasme-t-il encore, relevant qu'il y a en Amérique « beaucoup moins de codes sociaux [2] ».

Mais comment assurer concrètement une telle égalité des chances dans des sociétés foncièrement inégalitaires où se transmettent, de génération en génération, fortune et culture ? Réponse : par l'éducation. Tony Blair aime à répéter qu'il a trois priorités : l'éducation, l'éducation, l'éducation. Grâce à l'école, chacun échapperait au déterminisme social et se verrait offrir la chance de réussir selon ses seuls mérites personnels.

La réalité est à mille lieues de ce conte de fées. « La sélection par l'argent commence dès le plus jeune âge » aux États-Unis, constatent Jacques Mistral et Bernard Salzmann.

---

1. Discours à Agen, 22 juin 2006.
2. Discours devant la convention de l'UMP sur les injustices, 30 novembre 2005.

Les écoles publiques primaires et secondaires, qui scolarisent 90 % des élèves, sont gratuites, mais elles sont largement financées par la taxe foncière. « Il en résulte que les moyens dont disposent les écoles dépendent largement du revenu moyen des habitants du quartier dans lequel elles se situent. » Par ce mécanisme, la sectorisation accentue encore la relation entre la composition sociale des quartiers et la qualité de leurs écoles. Les choses ne s'améliorent nullement par la suite. « Payer des études supérieures aux États-Unis est devenu de plus en plus difficile depuis le début des années quatre-vingt[1] », observent encore Mistral et Salzmann. Et d'en conclure à l'impuissance du système éducatif à assurer une réelle égalité des chances dans une société où les inégalités de patrimoine et de revenu se sont creusées au cours des deux dernières décennies.

En Grande-Bretagne, les taux de réussite scolaire varient également fortement en fonction de l'origine sociale. Ce phénomène s'est même aggravé pendant les années quatre-vingt-dix[2]. Tony Blair est parvenu, non sans mal, à faire voter, le 15 mars 2006, une réforme de l'éducation qui risque de rendre l'égalité des chances plus théorique encore. Elle offre en effet aux collèges la possibilité de devenir « indépendants », avec un statut de fondation autorisant une gestion très libre (sélection des élèves, recrutement des enseignants, choix des programmes)[3]. Il s'agirait de fondations à but non lucratif, mais elles pourraient être gérées par des entreprises, des institutions religieuses ou des associations de nature diverse. Microsoft, Toshiba, Honda, Voda-

---

1. Jacques Mistral et Bernard Salzmann, « La préférence américaine pour l'inégalité », *En temps réel*, cahier 25, février 2006.
2. Office for National Statistics, « Focus on social inequalities », décembre 2004.
3. Jean-Pierre Langellier, « Tony Blair propose l'indépendance à tous les collèges d'Angleterre », *Le Monde*, 28 octobre 2005.

fone ou encore les Églises anglicane et catholique se sont d'ores et déjà mis sur les rangs.

La réforme prévoit un système de bus gratuits censé permettre aux élèves défavorisés de fréquenter les bons collèges. Or c'est au mieux l'élite des quartiers populaires qui pourra en profiter. De nombreux observateurs craignent plutôt le développement d'un système éducatif de plus en plus stratifié socialement. Comme par hasard, à la Chambre des communes, aucun conservateur ne s'est opposé à la loi tandis que 52 élus travaillistes votaient contre [1]. De fait, ces nouveaux collèges participent d'une forme de privatisation du système éducatif.

La France n'échappe pas à ces évolutions. Ici aussi, la « reproduction sociale » autrefois décortiquée par Pierre Bourdieu est plus redoutable que jamais. Le pourcentage d'élèves des grandes écoles issus des milieux populaires est en régression. Le recrutement social de ces institutions est devenu tellement caricatural que plusieurs d'entre elles ont décidé d'instaurer des procédures particulières d'entrée au nom de la « diversité ». En amont, la dégradation du système scolaire favorise les héritiers de la culture. Et l'accroissement des inégalités territoriales rend les écoles toujours moins égales.

Avec son habileté coutumière, Sarkozy prend appui sur cette triste réalité pour préconiser une politique qui a toutes les chances d'aggraver le mal. Le candidat de la droite commence par faire le procès du système éducatif au nom de l'idéal égalitaire. L'école publique, affirme-t-il, « est devenue aujourd'hui inégalitaire ». Et il ajoute : « On ne peut pas continuer à parler sans cesse de l'école comme pilier de l'égalité des chances sans avoir jamais le courage

---

1. Jean-Pierre Langellier, « Les écoles anglaises s'émancipent », *Le Monde*, 16 mars 2006.

de dire que la principale insuffisance de l'école aujourd'hui est qu'elle ne réduit pas les inégalités sociales [1]. » Fort de ce juste constat, Sarkozy avance toutefois des propositions aux potentialités inégalitaires.

Ainsi, le chef de l'UMP part en guerre contre les ZEP et la carte scolaire. Là encore, la droite a beau jeu de dénoncer l'échec des politiques conduites. « La sectorisation, qui avait à l'origine pour objet de favoriser la mixité, conduit plutôt actuellement à la *ghettoïsation scolaire* [2] », observe la direction des études de l'UMP. La carte scolaire est effectivement contournée par nombre de ceux qui en ont la possibilité. Les ZEP peinent à compenser, avec les maigres moyens supplémentaires qui leur sont alloués, les handicaps sociaux et culturels des élèves qu'elles scolarisent. Jamais, comme a pu le constater le chercheur Georges Felouzis, la distance entre le « discours officiel » célébrant l'égalité citoyenne et « la réalité des collèges les plus ségrégués, où l'origine culturelle et l'ethnicité deviennent, par la force des choses, les critères principaux d'identification [3] », n'a été aussi grande.

Le remède proposé par l'UMP traduit une confiance naïve, ou du moins aveugle, dans les vertus de la concurrence. Sous le prétexte que « la carte scolaire est aujourd'hui un privilège pour les uns, une fatalité pour les autres », Sarkozy prône sa suppression. « Je crois dans le libre choix des établissements par les parents », affirme-t-il. Il imagine une autonomie de gestion des établissements scolaires en échange d'évaluations régulières et d'aides de

---

1. Discours devant la convention de l'UMP sur l'éducation, 22 février 2006.
2. Direction des études de l'UMP, « Éducation : le devoir de réussite », 2006.
3. Luc Bronner, « Une étude décrit l'ampleur des ségrégations ethniques à l'école », *Le Monde*, 9 septembre 2003.

l'État aux moins favorisés d'entre eux. Et de nous faire rêver avec ce scénario idyllique : « Si les établissements deviennent homogènes dans leurs résultats et leurs performances, les choix des parents se feront en fonction de leurs contraintes personnelles, notamment géographiques, et des besoins des enfants. » Car « en aucun cas, bien sûr, une sélection selon le niveau scolaire ou le niveau social ne serait acceptable [1] ». Par quel miracle des inégalités scolaires se résorberaient-elles grâce à la libre concurrence entre des établissements de qualité extrêmement variable ?

L'économiste Thomas Piketty rappelle qu'aux États-Unis les expériences promues par l'administration Bush de mise en concurrence généralisée des écoles ont « donné des résultats décevants en termes d'amélioration de la qualité du service éducatif et de résultats scolaires ». Avec des inconvénients majeurs : « Les coûts de la mise en concurrence peuvent être clairs et immédiats, en particulier pour les écoles défavorisées qui s'enfonceront encore davantage dans la ghettoïsation sociale [2]. » Les expériences européennes vont dans le même sens. Aux Pays-Bas, où les parents peuvent librement choisir l'école de leurs enfants, la ségrégation est telle que l'on oppose communément « écoles noires », à forte proportion d'immigrés, et « écoles blanches ». En France même, rappellent les économistes Gabrielle Fack et Julien Grenet, « des expériences d'assouplissement de la carte scolaire ont déjà été conduites [...] au début des années quatre-vingt, avant d'être abandonnées au milieu des années quatre-vingt-dix parce que jugées décevantes ». Une fois encore, on constatait que « ces politiques

---

1. Discours devant la convention de l'UMP sur l'éducation, 22 février 2006.
2. Thomas Piketty, « Du bon usage de la concurrence scolaire », *Libération*, 25 septembre 2006.

tendaient à accentuer la segmentation entre les établissements, les meilleurs devenant encore plus sélectifs et les
moins bons ne parvenant plus à retenir leurs meilleurs
éléments [1] ».

De telles études ont, semble-t-il, échappé à la vigilance
de Ségolène Royal. « Arrêtons les hypocrisies, il n'y a plus
de mixité sociale », commence par affirmer l'ancienne
ministre déléguée à l'Enseignement secondaire, le 3 septembre 2006, à Florac. Dans « l'idéal », ajoute-t-elle, il faudrait « supprimer la carte scolaire ». À défaut, il serait
souhaitable d'en « desserrer [les] contraintes » afin de
« mettre en place une forme de choix entre deux ou trois
établissements, à condition que les établissements les plus
délaissés soient renforcés avec des activités culturelles de
haut niveau ». Du Sarkozy light. La candidate socialiste
peut s'enorgueillir d'avoir brisé un nouveau « tabou de gauche ». Elle se retrouve sur une position voisine de celle de
Gilles de Robien, lequel suggère, lui aussi, de « desserrer »
la carte scolaire au motif qu'« elle a un petit côté privatif de
liberté [2] ». Le fond de l'affaire n'est-il pas une intolérance
croissante à la mixité sociale dès lors qu'elle prend une
connotation ethnique ?

Reconnaissons à Sarkozy le mérite de la constance dans
le souhait d'une autonomie des établissements scolaires.
Dès 1999, il se prononce en faveur d'une « régionalisation »
de l'Éducation nationale et propose que cette réforme radicale soit décidée par référendum [3]. Son mentor, Édouard
Balladur, se situe naturellement sur la même longueur

---

1. Gabrielle Fack et Julien Grenet, « L'hypocrisie de la carte scolaire », *Libération*, 21 septembre 2006.
2. Visite au lycée Hoche de Versailles, 4 septembre 2006.
3. Nicolas Sarkozy, *Libre*, *op. cit.*

d'onde. L'ancien Premier ministre veut « confier aux régions la responsabilité de tout ce qui concerne la formation », traitement des enseignants compris. Balladur expose sans fard son projet éducatif libéral en suggérant d'« instituer un chèque-éducation, aide financière dont les familles auraient la libre disposition afin de la verser à l'établissement de leur choix – dans une première étape il pourrait ne s'agir que d'établissements publics –, ce qui inciterait les établissements, désormais en concurrence, à améliorer la qualité de l'enseignement[1] ».

Le dossier préparatoire à la convention de l'UMP sur l'éducation vante ce principe du chèque-éducation en prétendant qu'il « favorise la mixité sociale ». « Alors que la liberté totale du choix de l'école est pratiquée chez la plupart de nos voisins, de nombreux parents français souhaitent voir ce système devenir réalité en France[2] », y explique-t-on. Une confidence faite au *Monde*, il y a quelques années, par Emmanuelle Mignon, directrice des études de l'UMP, éclaire cette perspective : « J'ai toujours été conservatrice, j'aime l'ordre. Je crois à l'initiative individuelle, à l'effort personnel et, en matière économique, à la main invisible du marché. Par exemple, je suis pour une privatisation totale de l'Éducation nationale[3]. » Deux ans plus tard, Mignon met un peu d'eau dans son vin : « Sur l'Éducation nationale, j'ai bêtement provoqué le journaliste et ça m'est retombé en boomerang. Je voulais dire que j'étais pour la libéralisation de la carte scolaire[4]. »

---

1. Édouard Balladur, *Renaissance de la droite, op. cit.*
2. Direction des études de l'UMP, « Éducation : le devoir de réussite », *op. cit.*
3. Jean Birnbaum, « Comment les idées viennent à Sarkozy », *Le Monde*, 3 septembre 2004.
4. François Vignal, « Emmanuelle Mignon, la plume de Sarkozy », *Marianne*, 1er octobre 2006.

En théorie, il y aurait une solution pour que la suppression de la carte scolaire ne s'accompagne d'aucun déséquilibre entre les établissements. Il suffirait d'assurer un certain degré d'homogénéité sociale sur tout le territoire. Le moins qu'on puisse dire est qu'on en est loin. Les logiques du marché de l'immobilier sont particulièrement discriminantes. Et les modestes tentatives de compensation grâce à un effort volontariste de logement social sont contestées par la droite. Au printemps 2006, le groupe UMP à l'Assemblée nationale a tenté de vider de son contenu la loi Gayssot obligeant toutes les communes à héberger 20 % de logements sociaux sous peine de sanctions financières. La droite préférait favoriser les programmes d'accession à la propriété. Face aux nombreuses protestations, l'UMP a finalement reculé. Mais sa religion n'a pas changé. « Le problème est moins de construire davantage de HLM que d'aider les Français à accéder à la propriété[1] », martèle Sarkozy. Le candidat de la droite a confirmé cette option devant la convention de son mouvement sur le logement en suggérant d'utiliser « le réseau des HLM pour proposer à de nombreux Français modestes un parcours d'accès sécurisé à la propriété[2] ».

Aristocratie de l'argent

Contredisant les beaux discours sur l'égalité des chances, la mobilité sociale est en régression dans nombre de pays riches. « Les enfants nés au Royaume-Uni dans les années

---

1. Discours à Douai, 27 mars 2006.
2. Discours devant la convention de l'UMP sur le logement, « Contre la précarité, permettre aux Français d'être propriétaires », 14 septembre 2006.

cinquante ont été plus mobiles socialement que ceux nés dans les années soixante-dix », rappelle le journaliste Malcolm Dean. La situation s'est encore détériorée depuis : « Dans les années soixante-dix, les chances d'un jeune de vivre dans la pauvreté doublaient s'il avait vécu cette condition dans l'enfance ; dans les années quatre-vingt, ce facteur était multiplié par quatre [1]. » Aux États-Unis, la mobilité intergénérationnelle, qui s'était accrue entre 1940 et 1980, régresse fortement depuis cette date [2].

Loin de chercher à corriger cette tendance, la droite américaine l'encourage par ses choix. La politique fiscale est, une fois de plus, révélatrice de ses priorités. Le président George Bush a fait de la suppression totale de l'impôt sur les successions son véritable cheval de bataille. Cette mesure a été votée plusieurs fois par la Chambre des représentants au cours des quatre dernières années. La suppression effective de cet impôt est prévue en 2010. Un puissant lobby a réussi à persuader une large partie de l'opinion de la nécessité d'en finir avec l'« impôt sur la mort ». Les démocrates se sont vainement épuisés à expliquer que le maintien d'un impôt sur les plus grosses successions permettrait de combler une bonne partie du déficit de la sécurité sociale [3].

Ce sont des millionnaires qui ont dû rappeler certaines vérités. William Gates Sr a rassemblé 120 signatures d'Américains très riches, dont George Soros et deux des héritiers Rockefeller, au bas d'une pétition contre l'abolition des droits de succession. Le père du fondateur de Microsoft,

---

1. Malcolm Dean, « Social mobility is still an unequal struggle », *The Guardian*, 3 mai 2006.
2. Jacques Mistral et Bernard Salzmann, « La préférence américaine pour l'inégalité », art. cité.
3. David E. Rosenbaum, « True to ritual, House votes for full repeal of Estate Tax », *The New York Times*, 14 avril 2005.

lui-même très fortuné, observe que « l'abolition de cet impôt enrichira les héritiers des millionnaires et milliardaires de l'Amérique au préjudice des familles qui ont du mal à joindre les deux bouts ». Le financier Warren Buffett, pour sa part, n'a pas signé la pétition car sa position est plus radicale. « Sans les droits de succession, prévient-il, on formera une aristocratie de la richesse, ce qui veut dire que l'on transmettra les commandes des ressources de la nation sur la base de l'hérédité plutôt que du mérite [1]. »

En France aussi, la droite prend pour cible la fiscalité sur les successions. Depuis de nombreuses années déjà, celle-ci est amoindrie par une politique d'exonérations qui touche notamment l'assurance-vie. « Je trouve parfaitement scandaleux qu'on ait détruit en France l'impôt sur les successions [2] », s'est même exclamé Dominique de La Martinière, ancien directeur général des impôts. Or cet impôt est de longue date la bête noire de Sarkozy. Ministre de l'Économie, il l'avait raboté en instaurant une franchise de 50 000 euros sur les droits de succession. Aujourd'hui, seulement un quart des successions donnent lieu à son paiement. Le dirigeant de l'UMP a trahi son indifférence à l'égard de l'égalité des chances en répliquant aux critiques du journaliste économique Laurent Mauduit : « Sa conception de l'impôt sur les successions est qu'il doit être égalitaire, en ce sens que sa fonction même est de réaliser un écrêtement des patrimoines afin de rétablir l'égalité des chances entre les héritiers. [...] Ma conception est différente. » Sarkozy, pour sa part, se focalisait sur l'« utilité économique »

---

1. Sylvie Kauffmann, « Quand les milliardaires veulent sauver l'impôt sur la succession... », *Le Monde*, 17 février 2001.
2. « Il est scandaleux qu'on ait détruit l'impôt sur les successions », interview de Dominique de La Martinière par Laurent Mauduit, *Le Monde*, 19 juin 1996.

ainsi que sur son souci de « ne pas décourager l'effort individuel[1] »...

Le dirigeant de l'UMP souhaite faire porter le débat « sur la question du principe des droits de succession dans leur ensemble ». Il balaie d'un revers de main « l'argument de l'égalité des chances » au motif que « l'inégalité réside davantage dans le fait que vos parents se soient occupés de vous en vous donnant toutes les chances d'une bonne éducation plutôt qu'en vous laissant tout ou partie de leur patrimoine[2] ». Autrement dit, on renonce à agir sur les inégalités réductibles au nom des inégalités irréductibles.

Au cours de sa précampagne présidentielle, Sarkozy s'en est pris vigoureusement à ce qui reste de cet impôt. « Réhabiliter le travail, c'est aussi permettre à ceux qui se sont constitué un patrimoine à la sueur de leur front de le transmettre à leurs enfants en franchise d'impôt sur les successions[3] », s'est-il exclamé. Comme si les gros patrimoines imposés étaient le fruit de la laborieuse épargne de toute une vie ! Au-delà des formules démagogiques, c'est au principe redistributif que Sarkozy s'attaque. Il considère apparemment comme naturelles et intouchables des inégalités patrimoniales pourtant autrement marquées que les inégalités de revenus. On notera la contradiction de cette position avec l'apologie du travail et du mérite personnels. Les héritiers que Sarkozy entend favoriser profitent surtout du labeur et des talents d'ascendants plus ou moins lointains.

Par sa radicalité, l'idée de supprimer totalement les droits de succession a suscité un débat au sein même de l'UMP. Son projet législatif limite cette abolition aux « patrimoines petits et moyens ». C'est à la fois hypocrite et flou. Les

---

1. « Une lettre de Nicolas Sarkozy », *Le Monde*, 22 septembre 2004.
2. Nicolas Sarkozy, *Libre*, *op. cit.*
3. Discours à Douai, 27 mars 2006.

patrimoines modestes échappent d'ores et déjà à cette imposition. Et le parti de droite se garde bien de préciser jusqu'à quel niveau il considère un patrimoine comme « moyen ». Sarkozy osera-t-il le préciser, ou même aller plus loin que sa formation ?

Les droites du monde entier communient dans la religion des baisses d'impôt. Aux États-Unis, cette politique fiscale ne cesse de bénéficier aux plus fortunés. En France, ses partisans tirent argument de la compétition internationale pour prôner une harmonisation par le bas de la fiscalité européenne. Édouard Balladur est une des grandes voix de ce concert. Abrité derrière une prétendue « référence internationale », il suggère d'abaisser à 40 % la tranche supérieure d'imposition sur les revenus. Les réformes décidées par l'Allemagne ou la Grande-Bretagne le conduisent également à revendiquer une baisse du taux d'imposition sur les sociétés. En vertu de la même argumentation, Balladur souhaite « une taxation minimale des revenus de l'épargne [1] », autrement dit une baisse de l'impôt sur le capital.

Son disciple Sarkozy ne pense guère différemment. « Notre frilosité fiscale a durablement déçu nos électeurs », regrettait-il il y a quelques années. Et d'expliquer que la droite a surestimé « les sentiments de jalousie et d'envie [2] » des Français. Le temps serait venu d'en finir avec l'idéal égalitaire au nom d'une sacralisation hypocrite du mérite et de la compétition. La droite marque des points lorsqu'elle instille dans l'opinion le rejet du principe même de la redistribution en s'appuyant sur les égoïsmes sociaux.

Les inégalités se creusent partout dans le monde sur fond de darwinisme social impitoyable. Jacques Mistral et Bernard Salzmann rappellent qu'à la fin du XIXᵉ siècle « l'Amé-

---

1. Édouard Balladur, *Renaissance de la droite*, op. cit.
2. Nicolas Sarkozy, *Libre*, op. cit.

rique avait [...] repoussé la menace de voir naître une aristocratie fondée sur l'argent » grâce à un « mouvement politique fort[1] » dont le New Deal reste le symbole. Rien de tel ne s'annonce aujourd'hui, constatent ces économistes. De nombreux facteurs empêchent l'émergence d'une réaction à la dynamique inégalitaire : le caractère hyperconcurrentiel de la société américaine, la puissance de feu des partisans de la « liberté économique », la popularité des baisses d'impôt ou encore la segmentation du système éducatif, plus que jamais reproducteur d'inégalités. Le processus s'autoentretient. Plus la compétition est dure et moins la société est solidaire. Moins celle-ci se considère comme un tout et plus ses membres se déchirent.

Dans ce contexte, les manifestations d'égoïsme social sont vouées à se multiplier. En Grande-Bretagne, une récente étude menée auprès des diplômés établit qu'ils sont de moins en moins bien disposés à l'égard des pauvres[2]. Dans les classes moyennes éduquées, réputées progressistes il y a peu, l'idée d'aider les enfants des milieux populaires à bénéficier d'un meilleur niveau d'éducation ou d'une liberté de choix en matière de soins est en recul. La crispation conservatrice de classes moyennes qui tendent à intérioriser les valeurs des catégories privilégiées n'est pas le moindre des facteurs de la droitisation des sociétés occidentales.

L'angoisse des classes moyennes face aux mutations en cours peut paradoxalement favoriser ce processus. Le sociologue Louis Chauvel pointe le risque d'une « repatrimonialisation de l'accès aux classes moyennes » dans une société

---

1. Jacques Mistral et Bernard Salzmann, « La préférence américaine pour l'inégalité », art. cité.
2. John Carvel, « Graduates less likely to support opportunities for the poor », *The Guardian*, 13 décembre 2005.

où « le salaire perd de sa valeur par rapport à l'accumulation[1] ». Dès lors que l'espoir de promotion sociale laisse place à la hantise du déclassement, ces couches intermédiaires sont de plus en plus polarisées vers le bas ou vers le haut. Dans les deux cas, un effet conservateur est possible. Il y a ceux qui, stratégie patrimoniale oblige, se sentent de plus en plus proches des possédants, et ceux qui manifestent du mépris à l'égard des classes populaires de crainte de les rejoindre.

Le « naturalisme social » crée un état de tension que l'on ne saurait pourtant trop vite assimiler à la « loi de la jungle ». L'économiste Jacques Généreux rappelle que celle-ci est parfois moins brutale que la guerre de tous contre tous générée par le capitalisme contemporain. L'espèce humaine est vouée à la fois à la compétition et à la coopération. L'hypertrophie de la première au détriment de la seconde est source de graves déséquilibres. « La logique de guerre économique dégénère en guerre incivile », laquelle « nous dissocie les uns des autres et détruit le sentiment d'appartenance à une société[2] », explique Généreux. C'est une véritable violence culturelle qui s'exerce aujourd'hui sur le corps social pour le convaincre que l'intérêt de chacun passe par l'oubli d'autrui.

---

1. Louis Chauvel, *Les Classes moyennes à la dérive*, Seuil, 2006.
2. Jacques Généreux, *La Dissociété*, Seuil, 2006.

CHAPITRE 6

L'ordre religieux

Nous sommes en 1849, au début de la présidence de Louis Napoléon Bonaparte. La campagne pour les élections du 10 mai bat son plein. Après tant de disputes, l'heure est à l'union de la droite. Toutes ses composantes – conservatrice, royaliste, orléaniste et bonapartiste – se retrouvent dans le « parti de l'Ordre ». Sa devise : « Ordre, propriété, religion ». Car, aux yeux de ce parti, l'ordre social est gravement menacé par ce que Thiers appelait « la vile multitude[1] ». Les possédants sont encore effrayés par la révolution de l'année précédente. La droite faisant souvent passer ses intérêts avant ses idées, la défense de la propriété cimente le rapprochement fragile entre des courants idéologiquement antagonistes. Quant à la religion, elle est d'abord perçue comme le plus sûr moyen de protéger l'ordre menacé.

Ordre, propriété, religion : cette trilogie est étrangement actuelle. La droite française de 2007 retrouve les accents de sa devancière de 1849. Le maintien de l'ordre est au cœur de la réputation que s'est forgée Nicolas Sarkozy. En l'espace d'un siècle et demi, les « émeutiers » qui font peur ont radicalement changé de nature, mais les réflexes autoritaires

---

1. Bernard Ménager, « 1848-1871. Autorité ou liberté », *in* Jean-François Sirinelli (dir.), *Histoire des droites en France*, vol. 1 . *Politique*, *op. cit.*

sont les mêmes. La défense de la propriété reste une autre grande cause de la droite. Enfin, le chef de l'UMP redécouvre l'importance politique de la religion comme garante de l'ordre social. Les « valeurs traditionnelles » sont à l'honneur chez les conservateurs de tous les pays, et plus elles sont bousculées par la modernité, plus elles deviennent populaires. Étonnant paradoxe qui permet à la droite de les réactiver, profitant des réactions provoquées par des évolutions qu'elle favorise par ailleurs.

Parti de la peur

Aujourd'hui comme avant-hier, la droite s'efforce d'être à l'écoute d'une société anxieuse, et ce sont les peurs que le « parti de l'ordre » tente de mobiliser à son profit. Pour fantasmatiques qu'elles soient, celles-ci reposent d'abord sur des faits objectifs. Les instabilités de toute nature génèrent un climat anxiogène dans de larges couches de la population. Menace du chômage, emplois précaires, fragilités familiales, tensions internationales, flottement moral : une kyrielle d'incertitudes contribue à plomber le moral public. La puissante demande d'ordre de la part du corps social n'est pas seulement une réaction à l'insécurité civile, réelle ou ressentie, mais aussi et surtout aux désordres qui le menacent.

L'importance qu'a prise le thème de l'insécurité dans le débat public prête à de multiples contresens. Le premier, dont s'est rendue coupable la gauche angélique, est d'y voir une pure et simple manipulation idéologique. On nie les problèmes d'insécurité vécus par des populations que l'on tente vainement de rassurer en dissertant sur un infondé « sentiment d'insécurité ». Une autre erreur est de négliger les raisons sociales et culturelles qui expliquent le succès du discours sécuritaire de la droite. Celui-ci s'adosse à une demande d'autorité qui déborde largement le cadre de la paix civile. « Je reste pour ma part convaincu de la pérennité de certaines valeurs comme l'ordre, le respect de la loi et des personnes, l'autorité sur les plus jeunes [1] », écrit Sarkozy. Il se pose ainsi en défenseur d'une tradition et de repères menacés.

Par culture, la droite préfère l'ordre à la justice. La thématique sécuritaire a cependant pour avantage de lui offrir un discours auquel sont sensibles des catégories populaires particulièrement touchées par l'insécurité quotidienne. Plus la croyance dans la justice sociale s'affaiblit et plus le besoin d'ordre s'exprime. Le ministre de l'Intérieur ne manque jamais une occasion de se situer « du côté des victimes ». Il prend soin de traiter de problèmes concrets, tel celui des bandes de jeunes qui occupent indûment les cages d'escalier.

La stratégie de conquête des classes populaires grâce à la thématique sécuritaire a été mise en œuvre avec succès par les républicains, aux États-Unis, sous l'ère Reagan. « La question de l'insécurité prolétarise l'identité de la droite et embourgeoise celle des démocrates à mesure que l'"élite", autrefois associée aux possédants, aux grandes familles de l'industrie et de la banque, devient identifiée à une "nouvelle gauche" friande d'innovations sociales, sociétales et raciales », souligne Serge Halimi. Ronald Reagan fut un champion en la matière : « Pendant qu'il offrira de plantureux abattements fiscaux aux riches, il promettra aux catégories populaires le retour à la loi, à l'ordre et au patriotisme [2]. » C'est la martingale « libérale-autoritaire » : du libéralisme économique pour les riches et de l'autoritarisme

---

1. Nicolas Sarkozy, *Libre*, *op. cit.*
2. Serge Halimi, *Le Grand Bond en arrière*, *op. cit.*

sociétal pour les pauvres. La recette a fait ses preuves outre-Atlantique ; la voici désormais importée en France.

Le discours sécuritaire de la droite ne se contente pas de coller, avec une certaine dose de démagogie, aux préoccupations populaires. Il lui permet de développer une vision de la société idéologiquement très marquée. La droite sécuritaire se situe ici dans une position symétrique à celle de la gauche angélique. Faisant l'impasse sur la responsabilité individuelle, la seconde professe naïvement que les causes de la délinquance sont exclusivement économiques et sociales, tandis que la première fait comme si elles étaient uniquement morales et personnelles. L'impensé de la droite sécuritaire porte sur le contexte social qui favorise le passage à l'acte délinquant de certains individus. Elle s'écarte alors du fameux slogan lancé par Tony Blair dans les années quatre-vingt-dix : « Dur avec le crime, dur avec les causes du crime ». Un programme dont le Premier Ministre britannique ne s'est lui-même pas toujours inspiré...

La perception purement morale de la délinquance est inséparable d'une position conservatrice. Le désir de punir est corrélé avec le pessimisme social. Moins on croit aux possibilités de réhabilitation personnelle et de changement social, plus on mise sur la sanction et la mise à l'écart. Le « parti de l'Ordre » du xixe siècle faisait rimer « classes laborieuses » avec « classes dangereuses ». Les discours actuels s'en rapprochent, même si les catégories qui font peur aujourd'hui sont plutôt touchées par le chômage et issues de l'immigration.

Sarkozy a significativement placé son action au ministère de l'Intérieur, où il est retourné après un passage à Bercy, sous le double signe de la lutte contre l'insécurité et de la fermeté dans le dossier de l'immigration. « Immigration et sécurité sont les deux gardes du corps lexicaux de Nicolas Sarkozy, notent les linguistes Louis-Jean Calvet et Jean

Véronis. Et leur fréquence établit de fait une relation de causalité entre l'immigration et l'insécurité : inutile pour lui d'affirmer que les migrants sont des délinquants, il l'insinue de façon subliminale en assenant à tour de rôle l'un ou l'autre de ces termes[1]. » Les deux questions sont dangereusement entrées en collision lors des émeutes urbaines de novembre 2005. D'aucuns ont accusé le ministre d'avoir joué les provocateurs. Mehdi Belhaj Kacem le traite de « tenant-lieu annoncé du fascisme démocratique à la française[2] ». Si le concept de « fascisme démocratique » a de quoi laisser sceptique, le « pop philosophe » fait une remarque assez juste : par un étonnant effet de miroir, le culte du rapport de forces semble commun à Sarkozy et aux rebelles du bitume.

Le candidat de l'UMP fait tout son possible pour maintenir la question de l'insécurité en haut de l'agenda médiatique et électoral. Alors même que son bilan en la matière est plus que contrasté, il sait que sa crédibilité dans l'opinion reste forte sur ce thème. Aussi a-t-il privilégié dans son action ministérielle l'effet d'annonce et les gestes spectaculaires. On se souvient de la déclaration fracassante dans laquelle il promettait de « nettoyer au Kärcher » la cité des 4 000 de La Courneuve. L'écart entre l'énergie verbale et la modestie des résultats est frappant. Combien de bandes délinquantes ont-elles été démantelées à La Courneuve et ailleurs ? Plus d'un an après ces propos musclés, plusieurs graves incidents ont montré que certaines cités restaient des territoires interdits pour la police.

Les émeutes de novembre 2005 ont mis en lumière les

---

1. Louis-Jean Calvet et Jean Véronis, *Combat pour l'Élysée. Paroles de prétendants*, Seuil, 2006.
2. Mehdi Belhaj Kacem, *La Psychose française. Les banlieues : le ban de la République*, Gallimard, 2006.

calculs dangereux de Sarkozy. Quelques jours avant le déclenchement des violences, le ministre avait de nouveau joué les gros bras en promettant à une habitante de la débarrasser de la « racaille ». Cédant à une forme de démagogie verbale, Sarkozy reprenait le terme qu'avait employé une femme exaspérée par les méfaits des bandes de voyous. Le premier responsable de l'ordre public devrait bannir de tels procédés. Mais l'homme politique spécule sur les profits à retirer de cette stratégie de la tension.

La tentation de la fuite en avant se manifeste lorsque les limites de sa politique apparaissent. En septembre 2006, une note confidentielle du préfet de Seine-Saint-Denis est publiée dans la presse. Elle révèle une aggravation de l'insécurité dans ce département. Sarkozy réagit en attaquant violemment la justice, le 20 septembre, à Bobigny : « Qu'on m'explique comment on empêche un délinquant de récidiver si les peines ne sont pas exécutées et si on n'a pas le courage de les mettre en prison. » Plusieurs agressions de policiers marqueront encore cet automne-là. Les opérations de représailles à grand renfort de caméras n'ont pas fait la preuve de leur efficacité, mais l'insécurité est restée d'actualité.

La gauche a tout à perdre à ce que cette question occupe l'espace médiatique. Dans un premier temps, Ségolène Royal a pourtant choisi de se placer sur ce terrain en axant son discours sur l'exigence de sécurité. Dès le 10 février 2006, à Arras, elle invoque avec force l'« ordre juste » et la « sécurité durable ». Un mois plus tard, à Privas, elle enfonce le clou : « Il faut rétablir un ordre juste par le retour de la confiance, par le retour de repères clairs, par le bon fonctionnement des services publics, par des règles d'honnêteté qui soient les mêmes pour tous, pour les petits comme pour les grands, pour ceux d'en haut comme pour ceux d'en bas, afin qu'une sécurité durable se construise autrement qu'en dressant les gens les uns contre les autres, en dehors des provocations et des violences verbales ministérielles qui ne sont que le signe d'une impuissance à garantir une tranquillité et une sécurité quotidiennes. » Royal tente de retourner contre Sarkozy l'aspiration au retour à l'ordre en la reliant à la restauration de la justice.

La manœuvre peut être considérée comme habile. C'est la fameuse stratégie de la triangulation : reprendre à l'adversaire un de ses thèmes favoris pour l'affaiblir. Mais cette posture a l'inconvénient de situer la gauche à l'intérieur même d'une problématique droitière. Le concept d'« ordre juste » est un classique du répertoire catholique. On le retrouve chez saint Thomas d'Aquin au XIIIᵉ siècle. Les papes Pie XI et Pie XII s'y sont référés. Mieux, il est abondamment cité dans l'encyclique *Deus caritas est* de Benoît XVI, publiée seulement quinze jours avant que Royal ne l'utilise ! « L'ordre juste de la société et de l'État est le devoir essentiel du politique », pointe le pape, qui appelle les « fidèles laïques » à agir en ce sens de manière complémentaire à l'action charitable propre à l'Église. La philosophie moraliste qui transpire des propos de la candidate socialiste est bien éloignée de la culture de gauche.

Ségolène Royal a choqué son camp en proposant de faire appel à l'armée pour lutter contre la délinquance des mineurs. « Au premier acte de délinquance », suggère-t-elle, ils seraient envoyés dans des « chantiers humanitaires encadrés par des militaires, par des gendarmes, par des pompiers, toutes professions en uniforme et en tenue qui incarnent la République, la Nation ». L'idée est de remettre ces jeunes « dans le droit chemin » en leur offrant des « alternatives à la prison[1] ».

La pertinence d'une telle politique reste à prouver. Son

---

1. Discours à la mairie d'Orchies, 2 juin 2006.

inspiration dénote, à tout le moins, une dérive droitière. « C'est en partie Tony Blair, et en partie Pétain. *Travail, famille, patrie* », ironise le spirituel député centriste André Santini en mai 2006 sur Canal + au sujet du projet de la candidate socialiste. Celui-ci comporte encore certains éléments de gauche, comme l'exigence de justice ou celle de cohésion sociale. Mais beaucoup de moyens mobilisés appartiennent au patrimoine de la droite (appel au sens moral ou à l'armée).

Les membres d'un énigmatique club baptisé La Diagonale, qui s'autoproclament « sarkozistes de gauche », poussent l'audace jusqu'à renvoyer Royal à la droite de leur héros, l'accusant de prôner un « socialisme corporatiste et moralisant. Celui-là même que Marcel Déat animait, dans les années trente, sous l'invocation de la devise suivante : *Liberté, ordre et justice* ». Ils croient pouvoir discerner une « opposition philosophique profonde entre le concept d'ordre juste, par essence porteur d'une dimension moralisante, et la politique de défense de l'ordre public mise en œuvre par Nicolas Sarkozy[1] ». Royal serait une dangereuse instigatrice de l'ordre moral tandis que Sarkozy garantirait paisiblement la tranquillité républicaine...

Discipline religieuse

La droite et la religion ont historiquement partie liée. Issue du rejet de la Révolution française, la première des droites défendait l'ordre social voulu par le Créateur. Au plus profond, le tempérament de droite s'incline devant ce qu'il considère comme un intouchable « ordre naturel ». Il

---

1. Louise Forge, Philippe Sauvannet et Patrick Rajoelina, « Oui à l'ordre public, non à l'ordre moral ! », *Le Figaro*, 25 août 2006.

rêve d'une harmonie sociale à l'abri de toute contestation. « La droite escamote le conflit dans la verticalité de Dieu ou de la Création[1] », analyse Alain-Gérard Slama. Alors que la gauche professe une vision conflictuelle de la société, la droite communie dans une approche coopérative. C'est la conception organiciste de la société, qui assimile cette dernière à un corps composé d'organes aux fonctions aussi complémentaires qu'immuables. Songerait-on à remplacer la tête (l'élite) par les pieds (le commun) ?

Les références religieuses ont disparu des discours de la droite française au fur et à mesure de la déchristianisation du pays. Et les hommes politiques ont cessé d'aborder les questions spirituelles. La place occupée par la religion dans le discours de Sarkozy n'en attire que plus l'attention. Dans une France largement incroyante mais confrontée à la montée de l'islam, le candidat de l'UMP a décidé de prendre ce thème à bras-le-corps. Une fois de plus, un détour par les États-Unis n'est pas inutile pour éclairer ce choix. Outre-Atlantique, le Parti républicain a été revigoré au contact d'un impressionnant renouveau chrétien.

Loin du scepticisme de la vieille Europe, les États-Unis baignent dans une profonde religiosité. Deux tiers des Américains se disent « membres d'une Église » et ont assisté à un office au cours des six derniers mois (contre un quart des Britanniques)[2]. La religion est jugée « très importante » par 55 % des Américains et seulement 19 % des Britanniques. L'exceptionnelle foi américaine est stimulée par la mouvance évangéliste. L'historien Alain Besançon évoque le « dynamisme formidable du nouveau protestantisme américain ». L'étiquette évangéliste recouvre divers courants,

---

1. Alain-Gérard Slama, *Les Chasseurs d'absolu, op. cit.*
2. Lydia Saad, « Can a Reagan revolution happen in Canada », Gallup News Service, 20 janvier 2006.

du baptisme au pentecôtisme en passant par le méthodisme. « Affective, adogmatique, associative, moralisante, pratique, démocratique, civique pourraient être les notes de l'évangélisme », observe Besançon. Ces courants religieux, ajoute-t-il, vivent en symbiose avec l'idéologie capitaliste : « Il n'est pas jusqu'aux mécanismes du marché qui ne soient enveloppés dans la foi, car la main invisible qui le pilote est aussi celle de la Providence. *In God we trust* [1]. » La droite américaine peut aisément puiser dans ces représentations pour promouvoir sa cause. George Bush vante ainsi les mérites du « conservatisme compassionnel » pour traiter la pauvreté au moyen de la charité privée.

Les croyants influencent fortement la vie politique américaine. « La grande nouveauté des quarante dernières années, c'est l'entrée en politique des forces religieuses », estime le politologue Bruno Tertrais. Il évoque « la fin de la domination de l'élite de la côte est » et la meilleure représentation au sommet d'une « Amérique réelle [2] », conservatrice et pratiquante. La donne électorale en a été changée. En 2004, 23 % des électeurs se déclaraient « chrétiens évangéliques » ou *born again*. Or 79 % d'entre eux votaient pour George Bush. Conclusion de Tertrais : « Près de la moitié du vote Bush était un vote évangélique ou *born again* [3]. » Le poids de ces Églises s'est également fait sentir lors des scrutins référendaires de cette année-là. « Les électeurs américains se sont prononcés en majorité pour la défense de certaines valeurs morales, note l'historien André Kaspi. Par exemple, le refus de l'avortement, du mariage des homosexuels, et quelquefois le refus de la recherche sur les cellules sou-

---

1. Alain Besançon, « Situation de l'Église catholique. Au seuil d'un pontificat », *Commentaire*, printemps 2006.
2. Entretien avec l'auteur, 21 juin 2006.
3. Bruno Tertrais, *Quatre ans pour changer le monde. L'Amérique de Bush 2005-2008*, CERI-Autrement, 2005.

ches [1]. » Un profond conservatisme sociétal soude la base électorale républicaine.

Bush est lui-même profondément croyant. Son discours manichéen sur la lutte du « Bien » contre le « Mal » s'inspire aussi de réelles convictions personnelles. Un de ses partisans français, le philosophe Yves Roucaute, partage avec enthousiasme le « conservatisme compassionnel qui est respect pour la loi divine, les droits individuels et la responsabilité morale ». La façon dont le président américain présente les enjeux internationaux révèle combien cette idéologie s'appuie sur des considérations religieuses : « De Moscou à Berlin, de Tokyo à Rome, les puissances du Mal tentent d'extirper définitivement le vieil homme de la terre pour construire l'homme nouveau de l'ordre nouveau. Détournant les religions révélées, les tyrans annoncent la mort de Dieu et transforment les autels en autant de lieux sacrificiels [2]. »

Le fondamentalisme menace la religiosité américaine. Les thèses « créationnistes » qui nient la théorie de l'évolution ont le vent en poupe. Deux tiers des Américains croient que « les hommes ont été créés directement par Dieu [3] ». Cette proportion grimpe à 73 % chez les électeurs républicains. La vogue de l'*intelligent design* affaiblit encore l'adhésion aux théories darwiniennes, tout particulièrement dans les classes moyennes. Ce déisme littéral est porteur des plus dangereuses dérives conservatrices. Il inquiète les

---

1. « Élections américaines : le conservatisme à son apogée ? », chat avec André Kaspi, www.lemonde.fr, 8 novembre 2004.
2. Yves Roucaute, *La Puissance de la liberté. Le nouveau défi américain*, PUF, 2004.
3. The Harris Poll, « Nearly two-thirds of US adults believe human beings were created by God », 6 juillet 2005.

authentiques libéraux, comme ne le cache pas le sociologue Raymond Boudon[1].

La France n'est pas les États-Unis, encore moins au plan religieux. Pour « Sarkozy l'Américain », comme il se nomme parfois lui-même, copier la stratégie républicaine n'aurait aucun sens. Le candidat de l'UMP a pourtant pu être impressionné par la capacité de la droite américaine à s'adosser aux mouvements spirituels. Il est l'un des très rares hommes politiques français à traiter des questions religieuses. « Les hommes politiques notamment ne doivent pas parler seulement d'économie, de social, d'environnement, de sécurité[2] », affirme-t-il dans un livre, publié en 2004, où il dialogue avec un dominicain et un philosophe, et expose sa vision des rapports entre République et religion. « Il est très positif que, pour la première fois, un homme politique français s'exprime sur la question religieuse en dépassant le jacobinisme », se réjouit l'historien François Huguenin. En refusant de cantonner cette question à la vie privée, ajoute-t-il, Sarkozy « rompt avec le modèle français[3] ». Il défend notamment la remise en question de la loi de 1905 sur la séparation de l'Église et de l'État. Ce choix de placer le religieux au centre de la politique est lourd de conséquences.

Car ce ne sont pas ses propres croyances qui guident ici le candidat de l'UMP. Avec sa franchise coutumière, il ne dissimule pas le caractère relatif de sa foi. Est-il croyant ? « J'essaye », répond-il, avant d'ajouter : « J'observe que l'âge me rapproche d'une forme de pratique religieuse. » Se définissant comme « membre de l'Église catholique »,

---

1. Entretien avec l'auteur, 1er juin 2006.
2. Nicolas Sarkozy, *La République, les religions, l'espérance*, Éditions du Cerf, 2004.
3. Entretien avec l'auteur, 6 juin 2006.

Sarkozy confesse une pratique religieuse « épisodique » qui, il l'admet volontiers, est parfois « plus culturelle que cultuelle » : « J'aime cette démarche d'aller en famille à la messe. Cela me rassure, comme si cela protégeait les miens[1]. » À l'égal de celui de beaucoup de catholiques à croyance tiède, son rapport à la religion est plus social que spirituel.

Toutefois, Sarkozy a une conscience très aiguë des enjeux politiques et idéogiques de la religion. Sa conviction est que la République en crise a un besoin vital de la foi. Il considère que la morale républicaine n'est plus en mesure aujourd'hui de garantir l'ordre social. La morale religieuse serait autrement efficace pour assurer le bon fonctionnement de la société. Et de citer Tocqueville à l'appui de sa thèse : « La religion est beaucoup plus nécessaire dans la République[2] », où les hommes sont libres, que dans la dictature, où ils sont contraints.

La réflexion sarkozienne attribue à la religion une fonction sociale décisive. Le dirigeant de l'UMP raisonne comme si la crise de la société française était essentiellement d'ordre moral. Ce diagnostic implique de combattre le vide spirituel plutôt que de chercher à modifier la situation sociale et économique. « Il est bien préférable que des jeunes puissent espérer spirituellement plutôt que d'avoir dans la tête, comme seule *religion*, celle de la violence, de la drogue ou de l'argent », affirme Sarkozy. Et il annonce clairement la nécessité d'un changement d'analyse : « On a surestimé l'importance des questions sociologiques, tandis que le fait religieux, les questions spirituelles, ont été très largement sous-estimés[3]. » Favoriser un retour à l'harmonie

---

1. Nicolas Sarkozy, *La République, les religions, l'espérance, op. cit.*
2. *Ibid.*
3. *Ibid.*

sociale supposerait donc de promouvoir les pratiques religieuses. Aussi le chef de l'UMP invite-t-il les collectivités locales à aider les « associations cultuelles » au même titre que les associations culturelles ou sportives. On n'est pas très loin d'une version moderne de la conception marxiste de la religion comme « opium du peuple »... « C'est un discours typiquement maurrassien », estime Jean-François Colosimo, « un discours de l'Église de l'ordre contre celui d'une Église de l'insurrection [1] ».

L'attention portée par Sarkozy aux questions religieuses dépasse de loin les simples visées électoralistes, même si celles-ci ne sont pas absentes des démarches d'un homme politique qui n'a jamais dissimulé son utilitarisme. « Je me revendique comme l'ami exigeant des musulmans de France [2] », souligne-t-il. Le président de l'UMP a déployé beaucoup d'énergie pour que soit mis en place le Conseil français du culte musulman (CFCM), parachevant un projet lancé par ses prédécesseurs. Pour ne pas subir les aléas d'un « islam en France », l'État a choisi de favoriser l'émergence d'un « islam de France ».

De ce fait, la politique religieuse de Sarkozy induit un certain communautarisme. Elle attribue pratiquement à un groupe de dignitaires musulmans la charge de représenter une fraction de la population française. Certaines attitudes du ministre de l'Intérieur, qui est aussi celui des Cultes, ont alimenté le soupçon. Sa présence en avril 2003 devant l'assemblée de l'UOIF, organisation musulmane traditionaliste, a donné lieu à un curieux marchandage. « Ainsi, en marge du 20e rassemblement de l'Union des organisations islamiques de France (UOIF), au Bourget, le 19 avril, Nicolas Sarkozy a fixé un premier marché : pas de foulard sur

---

1. Entretien avec l'auteur, 5 septembre 2006.
2. Nicolas Sarkozy, *La République, les religions, l'espérance, op. cit.*

les cartes d'identité, mais pas de bouleversement des règles de 1989 pour le voile à l'école[1] », rappelle Christophe Barbier. Sarkozy ne souhaitait pas qu'on légifère sur les signes distinctifs religieux à l'école. Même après le vote de la loi, auquel il s'était finalement résigné, il ne dissimulait pas ses doutes : « Que se passera-t-il si la République oblige à choisir une école confessionnelle pour chaque religion[2] ? » Comme si la République s'était rendue coupable d'un excès de laïcité.

Sarkozy se pose surtout en chantre de la « discrimination positive ». L'expression est une traduction maladroite de l'*affirmative action* mise en place aux États-Unis dans les années soixante. L'idée est de favoriser l'ascension sociale et professionnelle des membres les plus méritants des minorités ethniques. Dans le système éducatif américain, cette politique a pris la forme, aujourd'hui très contestée, de quotas. Le candidat de l'UMP se garde bien d'aller si loin dans ses propositions mais il appuie toutes les expérimentations qui visent à « diversifier » le recrutement des grandes écoles, comme l'instauration de filières d'entrée particulières à Sciences Po ou à l'Essec.

L'*affirmative action* a permis l'émergence d'une bourgeoisie noire outre-Atlantique. Sarkozy aimerait qu'en France apparaisse une « beurgeoisie ». Le ministre de l'Intérieur a ardemment milité pour la nomination d'un « préfet musulman », ce qui lui a valu une passe d'armes avec le chef de l'État. Il a tendance à considérer la France comme une addition de communautés auxquelles il convient de s'adresser séparément. À ses yeux, il est trop tard pour

---

1. Christophe Barbier, « Sarkozy : le piège religieux », *L'Express*, 20 novembre 2003.
2. « Religions, République, intégration : Sarkozy s'explique », interview par Denis Jeambar, *L'Express*, 1er novembre 2004.

sauver le creuset républicain. C'est en reconnaissant les communautés que l'on pourrait limiter les excès du communautarisme. « Ceux qui prétendent combattre le communautarisme ne se rendent pas compte que, souvent, ils l'enracinent », affirme-t-il. Avec un froid réalisme, Sarkozy dresse le constat de la montée des particularismes : « Puisque le monde s'uniformise, chacun éprouve le besoin de retrouver son identité profonde. Nous ne courons aucun risque à organiser la diversité[1]. » Une analyse pour le moins optimiste, à l'heure où les communautés se replient sur elles-mêmes et où des tensions croissantes opposent les différentes composantes de la société française.

La journaliste Caroline Fourest s'inquiète de la manière dont Sarkozy minimise le danger du radicalisme musulman, rappelant que les militants de l'UOIF « sont eux aussi salafistes, c'est-à-dire fondamentalistes[2] ». Elle conteste que la religion soit le meilleur moyen de favoriser l'intégration des populations d'origine immigrée ; celle-ci peut également contribuer à les maintenir à l'écart du reste de la population française. Ce danger est apparu lors des émeutes de novembre 2005. Certains activistes religieux se sont proposés pour ramener l'ordre dans les quartiers en ébullition. Comme s'il était possible de sous-traiter le maintien de la paix civile à un encadrement musulman. Bien que Sarkozy ne prône pas cette solution, son insistance sur le rôle de la religion dans la socialisation des « jeunes des cités » accrédite l'idée que c'est à l'islam de leur apprendre la vie en société. Ainsi quand il affirme : « Ce n'est pas seulement en construisant des terrains de football qu'on fera comprendre à un jeune perdu dans une banlieue devenue une impasse

---

1. Nicolas Sarkozy, *La République, les religions, l'espérance, op. cit.*
2. Caroline Fourest, « Épître à Nicolas Sarkozy », www.prochoix.org/freretariq/sarkozy.html.

que la vie d'une jeune femme et de son enfant, qu'il prend en leur fonçant dessus en voiture, n'est pas un bien de consommation comme un autre, que cette vie est fragile et unique, qu'elle doit être respectée[1]. » Le problème est peut-être surtout de vivre dans une « banlieue devenue une impasse »...

Le tropisme communautaire de Sarkozy ne se manifeste pas seulement en direction des musulmans. Le patron de l'UMP se montre depuis toujours très attentif aux préoccupations de la communauté juive. Du côté des catholiques, certains peuvent espérer que l'organisation d'une communauté musulmane créera une émulation. Pour l'heure, les signes d'un renouveau du catholicisme français sont encore rares. Marcel Gauchet observe pourtant un début de « renaissance de l'intelligentsia catholique[2] ». Et le théologien Jean-François Colosimo souligne la montée d'un encadrement marqué par le « monde charismatique » dans les milieux chrétiens. Cela va « devenir un problème à droite[3] », prévient-il. La « religion humanitaire » qui déporte le clergé français à gauche, et que déplore Alain Besançon, semble en perte de vitesse. Les futures communautés chrétiennes s'annoncent nettement plus marquées à droite.

L'imprégnation spirituelle touche aussi la gauche droitière. Les convictions religieuses de Tony Blair ne sont un mystère pour personne. En 1996, le Premier Ministre britannique justifiait ainsi son engagement politique dans un article du *Sunday Telegraph* : « Ma vision des valeurs chrétiennes me conduit à m'opposer à ce que je perçois

---

1. « Religions, République, intégration : Sarkozy s'explique », art. cité.
2. Entretien avec l'auteur, 28 juin 2006.
3. Entretien avec l'auteur, 5 septembre 2006.

comme un intérêt personnel étroit et que le conservatisme – particulièrement dans sa forme moderne et la plus à droite – représente. » Blair parle fréquemment de la nécessité d'un renouveau spirituel et prétend fonder moralement sa politique. « La politique sans valeurs n'est qu'un strict pragmatisme[1] », répète cet homme qui a lu aussi bien la Bible que le Coran. Le discours sur les « valeurs » permet de faire passer au second plan les intérêts sociaux contradictoires.

Sa doctrine de la « troisième voie » s'appuie sur une redéfinition moderne des communautés traditionnelles. Elle s'inspire de certaines thèses des chrétiens sociaux. Blair a multiplié les signaux bienveillants à l'égard des religions. Il s'est prononcé en faveur d'un financement public des écoles musulmanes, analogue à celui dont profitent les écoles catholiques et juives. Au nom du pluralisme, il a même défendu, à la Chambre des communes, l'enseignement des thèses créationnistes à l'école[2] ! La « troisième voie » blairiste est profondément moralisatrice. Elle transforme l'État en partenaire des différentes communautés, dont il doit favoriser l'épanouissement et la coexistence. La cohésion de la société dépend alors de l'adhésion de tous aux valeurs morales que ces communautés naturelles sont précisément chargées d'entretenir.

Le discours de Ségolène Royal est, lui aussi, chargé de connotations religieuses. Ancrées dans son histoire familiale, ses convictions personnelles sont patentes. Elles la conduisent parfois à de surprenantes solidarités. « Ségolène Royal, qui se dit "croyante", trouve inadmissible qu'on insulte l'image sacrée du prophète musulman », écrivent

---

1. Kamal Ahmed et Denis Staunton, « Whose side is God on ? », *The Guardian*, 25 juin 2000.
2. Michael White, « The spirit moves him – and cash does too », *The Guardian*, 26 avril 2002.

Ariane Chemin et Isabelle Mandraud en rapportant sa réaction, en privé, au moment de l'affaire des caricatures. Alors qu'elle discutait avec François Hollande, partisan de la liberté d'expression, et Jean-Pierre Mignard, socialiste mais aussi catholique et hostile à la publication de ces caricatures, Ségolène s'est rangée aux côtés de ce dernier avec une inquiétante fermeté : « "N'aie pas peur, Jean-Pierre ! Je ne laisserai pas insulter Dieu !" lance, bravache, la présidente de la région Poitou-Charentes [1]. »

Au-delà de ses propos imprégnés de philosophie chrétienne, la conception de la société de Royal renvoie de manière frappante à l'organicisme traditionnel de la droite. Elle répète sans arrêt que tout ira mieux « si chacun est à son poste et remplit sa fonction », parle de remettre les jeunes délinquants dans le « droit chemin », et place elle aussi au premier plan les considérations morales en demandant aux catégories dirigeantes de donner – enfin – le bon exemple.

La gauche « moderne » se situe, à nouveau, à l'intérieur de la problématique de la droite, dont elle constitue une variante douce. Fort est le lien entre la priorité donnée à l'ordre et la conception religieuse du monde. Le couple formé par l'autorité et la foi a pour fonction d'évacuer la critique sociale. Naturalisée, la société devient intouchable dans ses fondements. Chacun est alors invité à respecter les hiérarchies en intériorisant ses normes – par la « morale » – ou en craignant les sanctions. L'ordre religieux se porte garant de la paix sociale.

---

1. Ariane Chemin et Isabelle Mandraud, « Hollande-Royal : duel en duo », *Le Monde*, 17 juin 2006.

CHAPITRE 7

La révolution néolibérale

Le « sens de l'histoire » a opéré un spectaculaire tête-à-queue. La gauche a longtemps cru qu'il soufflait dans ses voiles. « Progressiste » par construction, elle qualifiait avec mépris de « réactionnaire » une droite crispée et passéiste. L'aspiration égalitaire dominait les mentalités, et les conquêtes sociales se succédaient. Guidés par un réalisme résigné nourri de la crainte des révolutions, les conservateurs s'efforçaient d'agir en réformistes. En France, malgré elle, la droite gouvernante a parfois pratiqué une sorte de pâle social-démocratie.

Tout cela appartient au passé. Dans le monde entier, la révolution néolibérale l'a emporté. Les valeurs qui ont le vent en poupe s'appellent liberté, compétition, individualisme, identité. La gauche devient objectivement conservatrice tandis que la droite tient le rôle de parti du mouvement. La seconde rêve de remodeler profondément la société au nom de la « liberté » pendant que la première, réduite aux acquis sociaux, oppose une résistance plus ou moins vaillante à une évolution qui lui semble avoir force de fatalité.

Chaque camp est désormais à contre-emploi par rapport à sa tradition philosophique. Ontologiquement fâchée avec le progrès, la droite vénère la conservation. Or voici que « c'est la droite libérale qui est en pointe dans le modernisme, le progrès, la mondialisation », souligne Alain de

137

Benoist, ajoutant que sa position est désormais paradoxale puisque « la droite accepte le progrès matériellement tout en étant réticente philosophiquement [1] ». La gauche vit un inconfort symétrique. En principe, elle communie encore dans l'espérance progressiste. En pratique, elle considère avec de plus en plus de méfiance les changements en devenir.

Vent mondial

« C'est à nouveau le tour de la droite, les idées d'avenir sont les siennes : la liberté, l'émulation, la décentralisation, le contrat [2] », s'enthousiasme Édouard Balladur. L'écroulement du communisme et le discrédit de la social-démocratie ouvrent un boulevard aux politiques libérales. Le phénomène est mondial. Il ne se limite pas aux pays anglo-saxons, qui ont donné le signal de départ avec les révolutions conservatrices engagées par Ronald Reagan et Margaret Thatcher. Au sortir du communisme, la Russie s'est engagée sur la voie d'un ultralibéralisme de type parfois mafieux. La plupart des États d'Europe de l'Est pratiquent des politiques économiques très marquées à droite. La Chine n'a conservé du communisme que la dictature d'un parti unique ; pour le reste, le pays de Mao s'est converti corps et âme à une version particulièrement sauvage du capitalisme.

Les politiques de privatisation sont méthodiquement appliquées sur tous les continents, Afrique et Amérique latine comprises. En Europe même, le consensus dominant

---

1. Alain de Benoist, « La droite et le progrès », *in* Arnaud Guyot-Jeannin, *Aux sources de la droite, op. cit.*
2. Édouard Balladur, *Renaissance de la droite, op. cit.*

est devenu libéral, ce qui n'a pas été sans conséquences sur l'orientation de la construction européenne. Le traditionnel clivage droite-gauche n'a pas résisté à ces mutations idéologiques. Le manifeste signé le 15 février 2002 par Tony Blair et Silvio Berlusconi, appelant à une dérégulation et à une flexibilisation du marché du travail, est emblématique du nouveau paysage politique. Peu importe que le Premier Ministre anglais soit classé « à gauche » et son homologue italien « à droite ». Sur le fond, ils défendent des politiques voisines. Les pays européens aux traditions sociales-démocrates les mieux enracinées n'ont pu éviter des réformes de structure à connotion libérale. Même la Suède n'y a pas échappé, réduisant de 40 % le nombre de ses fonctionnaires. L'économie japonaise, naguère fort peu respectueuse des canons libéraux, a également dû procéder à des changements qui l'ont rapprochée des pratiques occidentales.

Privatisation des entreprises publiques, dérégulations et déréglementations en tout genre, assouplissement du marché du travail : les recettes en vogue se ressemblent bigrement. De solides organisations internationales comme le FMI ou l'OCDE militent avec opiniâtreté en faveur des politiques de réduction des dépenses publiques et de compression du coût du travail. « Il y a un modèle mondial de la réforme auquel la France n'échappera pas », martèle Balladur. Car l'Hexagone demeure à la traîne de ce bougisme libéral. Aussi les libéraux français répètent-ils sans relâche que notre pays doit impérativement, et sans plus attendre, imiter les autres. C'est la lancinante problématique de l'adaptation. « Le changement est inévitable, avertit Balladur, dissipons l'angoisse devant l'avenir et sachons nous adapter. » Et l'ancien Premier ministre ajoute : « Il n'y a pas d'alternative au marché mondial[1]. » « Trop peu de choses

---

1. *Ibid.*

changent en France alors que tout change à l'extérieur de la France[1] », avertit en écho Nicolas Sarkozy. « Nous essayons tous de rendre nos services publics et nos prestations sociales compatibles avec les exigences du monde moderne », explique Tony Blair de son côté, le 12 juin 2003, alors qu'il est en visite à Paris pour saluer le « courage personnel » de Jean-Pierre Raffarin en pleine réforme des retraites.

La puissance de la dynamique libérale tient à l'imbrication de ses différentes composantes. Chaque réforme en légitime d'autres dans une spirale sans fin. « On ouvre les frontières parce qu'on n'est pas protectionniste, on privatise parce qu'on a ouvert les frontières, on sacrifie l'emploi et le service public parce qu'on a privatisé », observe Serge Halimi. Le pragmatisme libéral, ajoute-t-il, fonctionne par ruses successives : « Pour compenser les déficits budgétaires, il faut privatiser. Pour vendre les entreprises publiques à bon prix, il faut attirer les investisseurs étrangers. Pour attirer les investisseurs étrangers, il faut réduire les salaires et les *charges*[2]. » Une logique aussi circulaire que redoutable.

Le projet libéral ne tombe pas du ciel. Ce qui est présenté comme l'impérieuse obligation de se conformer aux règles du temps présent dissimule les choix politiques volontaires dictés par cette idéologie. Pierre Bourdieu considérait le néolibéralisme comme un « programme politique », une « utopie mise en pratique » par des décisions tangibles, de l'ouverture internationale des marchés de capitaux à la remise en cause des systèmes de protection sociale. Le

---

1. Intervention devant la convention de l'UMP sur les injustices, 20 novembre 2005.
2. Serge Halimi, « La feuille de route des libéraux : dans l'étau des privatisations », *Le Monde diplomatique*, juin 2004.

sociologue pointait « un immense travail politique (dénié puisque, en apparence, purement négatif) qui vise à créer les conditions de réalisation et de fonctionnement de la *théorie* ; un programme de destruction méthodique des collectifs [1] ».

Le néolibéralisme n'a pas des conséquences seulement économiques, mais aussi sociales et culturelles. Le remodelage des sociétés occidentales auquel il préside le hisse au rang de prophétie autoréalisatrice. Plus le néolibéralisme transforme le monde sur la base de ses présupposés théoriques, plus ce modèle théorique artificiel gagne en réalisme. En affaiblissant les structures collectives, cette doctrine ne se contente pas d'ouvrir de nouveaux espaces à la logique du marché. Elle stimule un individualisme conforme à ses propres représentations de la société. Le politique façonne l'économique, qui, en retour, renforce l'idéologie ayant présidé aux choix initiaux.

Refondation sociale

Les attaques contre le « modèle social français », réputé dangereusement archaïque dans la nouvelle donne mondiale, sont nées avec l'initiative prise par le Medef, au tournant du millénaire, d'ouvrir le chantier d'une « refondation sociale ». C'est en décembre 1999 qu'Ernest-Antoine Seillière lance cette idée. En janvier 2000, pour bien marquer sa détermination à imposer le changement, le Medef menace de quitter, à la fin de cette année-là, tous les organismes sociaux auxquels participe le patronat. Alors que le CNPF

---

1. Pierre Bourdieu, « Cette utopie, en voie de réalisation, d'une exploitation sans limites : l'essence du néolibéralisme », *Le Monde diplomatique*, mars 1998.

agissait comme syndicat patronal, son successeur s'engage ainsi dans un véritable combat politique, non sans avoir mené au préalable un sérieux travail de préparation idéologique. La « refondation sociale » peut s'analyser, selon Gilbert Wasserman, comme « un habile mélange d'une politique de destruction de l'État social et de prise d'appui sur l'aspiration montante à une individualisation des droits [1] ». L'ambition du Medef n'est pas mince. C'est avec un demi-siècle d'histoire sociale qu'il entend rompre. « Nous estimons que le modèle social français, qui résulte très largement des décisions prises au lendemain de la dernière guerre, doit être réformé en profondeur », annonce Seillière. Il est vain de regretter le temps où « la force de la culture l'emportait sur celle de l'économie », explique-t-il encore. L'intérêt des entreprises passe désormais avant toute autre considération. Le Medef n'a pas digéré l'instauration des 35 heures, qui obéissait à des logiques extraéconomiques. Son patron dénonce « une dérive interventionniste en contradiction avec les exigences d'adaptation, de souplesse et de diversité ». Et il prône un renversement complet de la « hiérarchie des normes sociales [2] » qui donnerait la priorité au contrat d'entreprise.

L'économiste François Ewald, l'un des concepteurs de la « refondation sociale » avec Denis Kessler, éclaire la portée de cette démarche en parlant de « New Deal à la française ». Cette nouvelle donne un peu particulière est placée sous le signe de l'adaptation : « Le processus de refondation sociale cherche à accompagner le nouveau cycle de l'économie. » L'objectif est de « dépolitiser » cette dernière afin de per-

---

1. Gilbert Wasserman, « La droite entre crise et redéploiement », *Mouvements*, septembre-octobre 2004.
2. Ernest-Antoine Seillière, « Indispensable et fragile refondation sociale », *Le Monde*, 6 décembre 2000.

mettre « aux Français de renouer avec le risque, l'avenir, le progrès ». Les syndicats et la gauche sont renvoyés à leur indécrottable passéisme. Pour les chantres du mouvement libéral, les protestations de décembre 1995 sont un très mauvais souvenir : « Toute une gauche s'est alors rassemblée dans une volonté conservatrice hostile à tout ce qui pouvait menacer l'extension continue de l'État-providence, la progression des statuts, le rêve d'une société de fonctionnaires[1]. »

Autant de thèmes qui vont rapidement se retrouver dans la bouche des dirigeants de la droite. Une fois encore, Édouard Balladur fait ici figure de précurseur. « Trop souvent, elle [la droite] sacrifie aux conformismes sociaux-démocrates qui emprisonnent la vitalité française depuis plus d'un demi-siècle », écrit-il l'année où le Medef lance le chantier de la refondation sociale. Curieux, pour un « gaulliste », de se plaindre que la France étouffe depuis les lendemains de la Libération ! L'ancien Premier ministre pare la droite des plumes de la réforme : « Le conservatisme social n'est pas du côté de la droite[2]. » Mais son « progressisme » n'est pas vraiment social : régionalisation et professionnalisation du Smic, annualisation du temps de travail, développement du travail à temps partiel et des contrats à durée déterminée, etc.

Le meilleur élève de Balladur, Nicolas Sarkozy, utilise la même inversion des signes. « Ce sera notre fierté d'être le parti du mouvement », affirme-t-il, ajoutant que « les socialistes sont devenus des conservateurs[3] ». Le candidat de l'UMP place sa précampagne présidentielle sous le signe de

---

1. François Ewald, « Un New Deal à la française », *Le Monde*, 25 novembre 2000.
2. Édouard Balladur, *Renaissance de la droite*, *op. cit.*
3. Discours devant la convention de l'UMP sur les injustices, 30 novembre 2005.

143

la « rupture » avec ce « modèle social » honni. « La France n'est pas condamnée à regarder le monde qui change autour d'elle, ses performances économiques qui se dégradent, son modèle social qui s'épuise, tout en restant immobile, tétanisée par le changement, prisonnière de tous les conservatismes, incapable de changer et de se réformer », s'exclame-t-il. Et de prôner « la rupture avec nos habitudes, nos certitudes, nos conformismes [1] ».

Sarkozy n'est pas isolé. Avec son propre tempérament, Jean-Pierre Raffarin a montré quelques velléités d'emprunter ce chemin libéral. Le 26 avril 2004, le Premier ministre envoie aux parlementaires de l'UMP et de l'UDF un courrier dans lequel il promet de « libérer la France des impasses qui ferment son avenir ». Raffarin s'en prend à « l'impasse des *nostalgies* », à « l'impasse démographique », mais aussi à « l'impasse de l'État-providence [2] ». Si la missive n'a pas eu de suites concrètes, elle est révélatrice de l'état d'esprit dominant dans l'ensemble des familles de la droite. D'honnêtes centristes sont, eux aussi, démangés par le prurit libéral. Dès 2004, Pierre Méhaignerie et Adrien Zeller exigent que l'on « rompe clairement avec la logique de l'assistanat ». « L'État-providence est en faillite virtuelle. Nous soutenons les réformes qui mettent les gens en mouvement, qui permettent aux personnes de gagner en autonomie sur leur propre destin, au détriment de celles qui entretiennent et subventionnent l'exclusion [3] », ajoutent-ils, en parfaite convergence avec les idées du Medef.

Sarkozy n'en est pas moins devenu le champion des libéraux français. « C'est une chance extraordinaire d'avoir un

---

1. Discours à Douai, 27 mars 2006.
2. Michel Noblecourt, « M. Raffarin et l'impasse de l'État-providence », *Le Monde*, 5 mai 2004.
3. Pierre Méhaignerie et Adrien Zeller, « Du socialement correct au correctement social », *Le Monde*, 9 avril 2004.

leader de la droite qui n'est pas très éloigné, sur certains points, de nos convictions », sourit Hervé Novelli, ancien proche d'Alain Madelin. « Sarkozy nous permet de nous recycler », reconnaît-il volontiers. C'est que « l'aventure d'un parti libéral organisé s'est terminée avec le score d'Alain Madelin à l'élection présidentielle de 2002 » (3,91 % des suffrages exprimés). Patron d'origine, le député d'Indre-et-Loire anime le courant libéral des Réformateurs au sein de l'UMP. Il comprend parfaitement que Sarkozy ne porte pas une parole purement libérale : « Il ne doit pas se laisser enfermer dans un corner, s'il était le chef de file des libéraux il n'aurait aucune chance [1]. »

Le candidat de l'UMP est tout à fait conscient de l'influence limitée du libéralisme économique en France. « Je ne crois pas qu'il existe une place suffisamment large pour une formation qui se réclamerait uniquement du libéralisme [2] », écrit-il. Sa stratégie consiste à unifier les droites en respectant la diversité de leurs sensibilités. Et son pragmatisme lui facilite la tâche. « Je ne suis pas un idéologue, assure-t-il de bonne foi. Je ne suis l'otage de personne. J'ai une mission de rassemblement. Rassembler les libéraux, les gaullistes, les centristes, les européens, les souverainistes. Je dois assurer la cohérence de l'ensemble [3]. » « Je ne suis ni madame Thatcher ni monsieur Reagan », ajoute-t-il, promettant que son projet « ne sera pas enfermé dans des dogmes ». Au mieux se définit-il comme partisan d'un « libéralisme populaire », expression favorite de Balladur, ou encore d'un « libéralisme régulé [4] ».

Les convictions libérales de Sarkozy ne font guère de

---

1. Entretien avec l'auteur, 15 juin 2006.
2. Nicolas Sarkozy, *Libre*, *op. cit.*
3. Réunion champêtre de Ballan-Miré (Indre-et-Loire), 6 juillet 2006.
4. Nicolas Sarkozy, *Témoignage*, *op. cit.*

doute pour ceux qui le connaissent. L'économiste Jacques Delpla, qui a travaillé au sein de son cabinet à Bercy, le qualifie de « libéral, mais assez protectionniste ». « Il voit bien que cela marche mieux ailleurs », souligne-t-il. Delpla se souvient d'un rapport sur le marché du travail qu'il avait commandé à un petit groupe d'experts. Celui-ci concluait à la définition d'une « flexicurité » : plus grande liberté d'embauche et de licenciement, meilleure indemnisation mais aussi contrôle plus étroit des chômeurs. Il préconisait également la fusion ANPE-Unédic et l'ouverture des professions réglementées comme celle des chauffeurs de taxi. « Sarkozy a parfaitement absorbé le sujet », se rappelle l'économiste. Remis alors qu'il s'apprêtait à quitter le ministère de l'Économie, ce rapport n'a pu être appliqué. Mais, assure Delpla, il est devenu « sa référence » en la matière [1].

À Bercy, Sarkozy a cependant laissé le souvenir d'un ministre relativement interventionniste. Il s'est notamment distingué par son action de sauvetage d'Alstom, en 2004. « Il n'a quand même pas mis de l'argent [2] », plaide Delpla. D'abord choqué par l'attitude de Sarkozy, celui-ci la justifie au nom des faiblesses de la législation française sur les faillites. La manière dont le ministre s'est attaqué aux tarifications bancaires ou aux ententes dans la grande distribution témoigne, selon Delpla, de ses convictions libérales.

Le grand patronat nourrit, à vrai dire, peu d'inquiétudes à ce sujet. Le réseau d'amitié de Sarkozy dans ce milieu est impressionnant. Le candidat de la droite est au mieux avec une belle brochette d'héritiers qui appartiennent souvent à la même génération que lui. « Beaucoup des ténors de l'économie résident à Neuilly-sur-Seine », observe Catherine Rollot en évoquant les dîners qui les réunissent autour de

---

1. Entretien avec l'auteur, 6 septembre 2006.
2. *Ibid.*

Sarkozy : « Les Decaux, Jean-François et Jean-Charles, qui se partagent la direction de l'entreprise leader de l'affichage et de l'Abribus, le patron de L'Oréal, Lindsay Owen-Jones, et bien sûr le très proche Martin Bouygues s'assoient souvent autour de la table de "Nicolas". Sur cette liste figurent aussi les Philippe Charrier (Procter & Gamble), Antoine Bernheim (Generali) ou encore Dominique Desseigne, président du conseil de surveillance du groupe Lucien Barrière[1]. » Par ailleurs, l'influent Claude Bébéar communie avec Sarkozy dans le rejet du chiraquisme finissant. Une enquête de L'Express permet d'ajouter à cette énumération déjà longue de grands chefs d'entreprise proches du candidat les noms de Michel-Édouard Leclerc, François Pinault (Artémis), Michel Pébereau (BNP Paribas), Patrick Kron (Alstom), Carlos Ghosn (Renault-Nissan), Charles Milhaud (Caisse nationale des caisses d'épargne) et Gérard Mestrallet (Suez)[2] !

Le leader de l'UMP n'est pas seulement le champion des gros bonnets du capitalisme français. Il bénéficie aussi d'une enviable réputation chez les petits patrons. « Nicolas Sarkozy semble être le seul homme politique à avoir conquis la confiance des patrons de PME depuis Henri Poincaré en 1926 et Antoine Pinay en 1951, en jouant l'image de la détermination, de la réforme radicale et de la rupture avec une classe politique jugée incapable de comprendre les problèmes économiques[3] », estime l'historien Jean Garrigues. Appréciable performance.

1. Catherine Rollot, « Génération Sarko », Le Monde, 13 septembre 2005.
2. Éric Mandonnet, « À l'écoute de ses réseaux », L'Express, 9 janvier 2006.
3. Antoine Reverchon, « La diversité du monde patronal l'empêche de se ranger derrière une seule bannière », Le Monde, 13 septembre 2005.

Pour la première fois depuis belle lurette, le patronat place aujourd'hui tous ses œufs dans le même panier. La grande bourgeoisie s'est souvent divisée lors des compétitions présidentielles. Elle s'est scindée entre barristes et chiraquiens en 1988, entre balladuriens et chiraquiens en 2005. La suprématie que détient Sarkozy sur son camp écarte désormais le risque de pareils déchirements. Le chef de l'UMP a réussi l'exploit de séduire les différentes strates d'un patronat pourtant fort divers. Peu importe qu'il agace Laurence Parisot, la présidente du Medef, lorsqu'il s'en prend aux « patrons voyous ». Les chefs d'entreprise savent qu'il faut parfois ruser pour être élu. Et ils comptent bien retirer les dividendes de leur soutien sans faille à un candidat qui partage, au fond, leur vision du monde.

Dilemme stratégique

Oui, mais voilà : les patrons ne sont pas les seuls à voter. Et les électeurs ont une fâcheuse tendance à se méfier du libéralisme. Si le discours d'ordre de Sarkozy est populaire, ses projets économiques le sont beaucoup moins. Le puissant mouvement de protestation contre l'instauration du contrat première embauche (CPE), au printemps 2006, a encore prouvé l'extrême défiance de l'opinion française à l'égard de toute réforme d'inspiration libérale. Au plus fort de la mobilisation, plus d'un million de personnes se sont retrouvées dans la rue. Le mouvement jouissait d'une enviable popularité : plus de deux tiers des Français étaient favorables au retrait de la réforme contestée [1].

Cette solidarité de l'opinion est une règle presque immuable. Depuis 2002, l'institut CSA a demandé aux

---

1. Enquête CSA-*Le Parisien*-LCI-iTélé, mars 2006.

sondés, à vingt-sept reprises, s'ils éprouvaient de la « sympathie » ou s'ils « soutenaient » des mouvements de protestation. Une majorité de réactions positives a été recueillie, sauf dans deux cas : la grève des cheminots de janvier 2004 et celle de la RTM marseillaise en novembre 2005[1]. Le soutien aux mobilisations s'élevait à 92 % en mars 2003 (contre les licenciements collectifs), 82 % en mars 2004 (mouvement des chercheurs) et 74 % en septembre 2005 (journée d'action intersyndicale). La droite politique ne peut pas ignorer cette défiance populaire à l'égard des logiques économiques trop brutales.

En rejetant la flexibilité au travail, la France fait un peu figure d'exception dans le monde occidental. Mais les réactions d'hostilité aux réformes qui menacent les acquis sociaux ne lui sont pas propres. Aux États-Unis mêmes, le libéralisme économique le plus débridé n'est pas populaire. Les mésaventures de George Bush avec la réforme des retraites en témoignent. En 2004, le président américain propose de mettre en place un système de « comptes de retraite individuels ». Au nom de la « société de propriétaires » chère aux républicains, l'objectif est de faire disparaître un certain partage collectif du risque[2]. La réaction est vive. Une majorité absolue d'Américains, selon toutes les enquêtes d'opinion, s'oppose à cette réforme[3]. Finalement, Bush sera contraint de retirer son projet comme un vulgaire dirigeant français...

Sarkozy ne peut faire fi de ces résistances. Sa stratégie de campagne doit les intégrer. Comment diable préparer la

---

1. CSA, « Attitude des Français envers les mouvements sociaux », www.csa-tmo.fr/fusioncharts/mvtsoc/mvtsoc-f0206.html.

2. George Ross, « Vers la privatisation du système des retraites aux États-Unis », *Le Monde diplomatique*, juin 2005.

3. Lydia Saad, « Bush fails to ignite public support for reform », *Gallup Brain*, 4 mai 2005.

« rupture » ? Le premier écueil à éviter est celui qui consiste à effrayer l'électorat. Les résultats décevants enregistrés par la droite allemande aux élections de septembre 2005 montrent le prix à payer pour des annonces trop franches. Nombre de salariés et de chômeurs se sont inquiétés des projets affichés de moindre protection contre les licenciements, de hausse de la TVA et de réforme de l'assurance-maladie. Les enquêtes postélectorales ont mis en évidence un fort recul de la CDU-CSU dans les catégories populaires. Sarkozy devra se garder de faire « peur au prolo » en lui promettant du sang et des larmes au nom de la compétitivité économique.

Mais il lui faudra aussi éviter le piège symétrique, celui de l'entourloupe. Car si Sarkozy se fait élire en taisant ses projets de « rupture », il sera privé de toute légitimité pour les appliquer une fois arrivé à l'Élysée. La réforme libérale suppose une maturation qui passe par le débat public. C'est pour cette raison que l'UMP a multiplié les propositions au cours des conventions thématiques qu'elle a organisées avant la campagne présidentielle.

La solution ambiguë d'une promesse floue de « rupture libérale » n'est guère plus satisfaisante. Elle donne prise aux procès d'intention et peut faire naître les plus vives inquiétudes. « La droite donne parfois l'impression d'avoir un programme libéral illimité et caché, que seule la résistance des Français pourrait arrêter[1] », déplore Pierre Manent. « On ne peut pas baiser les Français[2] », résume plus brutalement Hervé Novelli. Nicolas Baverez est aussi catégorique : « Peut-on faire une rupture libérale sans l'annoncer à l'avance ? La réponse est non[3]. » Il distingue quatre

---

1. Entretien avec l'auteur, 14 juin 2006.
2. Entretien avec l'auteur, 15 juin 2006.
3. Entretien avec l'auteur, 1er juin 2006.

« conditions » à la réforme : la « définition d'un projet cohérent », l'engagement fort d'un chef, l'existence d'un mandat électoral clair et la mise en œuvre d'une dynamique globale de la réforme par opposition aux mesures sectorielles [1].

L'UMP a choisi l'annonce prudente d'une série de réformes. « Il ne faut pas un catalogue de mesures, il faut quinze mesures stratégiques [2] », plaide François Fillon, conseiller de Sarkozy. Le problème, reconnaît-il, c'est que « derrière de bonnes idées se cachent souvent de redoutables détails [3] ». L'UMP a par exemple proposé de fusionner les CDI et les CDD dans un contrat de travail unique. Sarkozy évoque un contrat « plus souple, avec une consolidation des droits des salariés au cours du temps [4] ». Mais le parti s'est rendu compte que la suppression du CDD risquait de « rigidifier le fonctionnement du marché du travail ». L'idée serait donc, selon Fillon, de s'inspirer des réformes espagnoles pour « faire accepter aux partenaires sociaux un CDI moins contraignant en contrepartie de la suppression du CDD [5] ». Le diable se loge dans les détails. La droite prendra-t-elle le risque de préciser ses intentions, sur ce sujet comme sur les autres ?

« Ce qui ne marche pas, en France, ce sont les petites réformes faites dans le dos des gens », avertit Jacques Delpla. Il souhaite que Sarkozy annonce clairement pendant la campagne les grandes réformes qu'il envisage de mener une fois au pouvoir. Et qu'il écarte deux stratégies concurrentes. La première est celle du passage en force, pratiqué

1. Nicolas Baverez, *La France qui tombe*, Perrin, 2003.
2. Réunion des cadres de l'UMP, Paris, 13 mai 2006.
3. « L'UMP avance sur son projet 2007 », interview de François Fillon, *Les Échos*, 4 septembre 2006.
4. Discours d'Agen, 22 juin 2006.
5. « L'UMP avance sur son projet 2007 », art. cité.

en son temps par Margaret Thatcher. Une méthode pour le moins risquée en France, et, de toute manière, « sanglante et destructrice [1] ». Delpla ne croit pas non plus à la méthode de la négociation et du compromis national, dans laquelle excellent les Néerlandais et les Suédois.

Reste l'option d'un « New Deal à la française ». Le raisonnement de Delpla est simple : à en croire l'OCDE, une « rupture libérale » (suppression des rigidités de toute nature, réforme de la fonction publique et de la protection sociale) doperait le PIB français de dix points sur dix ans. Problème : ce surplus économique profitera aux générations futures tandis que le coût des réformes sera supporté au présent. Solution selon Delpla : compenser dès aujourd'hui une partie de ce manque à gagner par l'endettement public. Cette dette-là aurait au moins le mérite de préparer l'avenir. Exemple : la retraite particulière des cheminots serait supprimée en échange d'un montant compensatoire versé cash aux réformés de la SNCF. Voilà qui risque de faire grimper de quinze points la dette publique. Mais Delpla est optimiste : « Si on explique aux marchés financiers qu'il y a des réformes structurelles derrière ces dépenses, ils marcheront [2]. » Pour les avoir sondés, il assure que certains experts du FMI seraient déjà convaincus de la rationalité d'une telle stratégie.

Le goût prononcé du dirigeant de l'UMP pour les trocs en tout genre rend ce scénario relativement crédible. Après tout, il n'a pas agi différemment en réformant le régime de retraite des agents d'EDF. Le principe était bien de donner du cash en échange d'avantages retirés. Et ce en bravant l'hostilité des syndicats. Sarkozy suggère parfois ce genre

---

1. Entretien avec l'auteur, 6 septembre 2006.
2. *Ibid.*

d'accords lorsqu'il évoque la possibilité de « donner plus » à ceux qui acceptent les réformes.

Dans son dernier livre, Sarkozy a levé le voile sur sa conception du rythme des réformes. Le candidat ne croit pas que tout se jouera « dans les cents jours » qui suivront son arrivée au pouvoir. Il n'entend pas scinder son quinquennat en une courte phase de réformes et une longue période de gestion. Pour lui, l'erreur la plus répandue est « d'engager une réforme après l'autre ». Sarkozy pointe les inconvénients de cette stratégie, que le gouvernement Raffarin a tenté de mettre en œuvre après 2002 : « On en fait suffisamment pour réveiller les conservatismes et autres corporatismes, pas assez pour susciter l'adhésion de la partie la plus moderne de la société [1]. » Le candidat de la droite préférera engager une dynamique réformiste globale, une sorte de « New Deal » d'inspiration libérale.

Une chose est sûre : le candidat de la droite n'est pas de la trempe de ces dirigeants qui, comme Jacques Chirac, se passionnent pour la conquête du pouvoir infiniment plus que pour son exercice. L'ambition de cet activiste est de changer le visage de la France en un ou deux quinquennats. Sarkozy croit toujours aux « marges de manœuvre » de l'action publique. Il est hanté par la succession de reniements de la droite. Et il a pris la mesure des « déceptions accumulées depuis des années par les électeurs de droite à l'encontre de leurs représentants, soupçonnés d'avoir tourné le dos à leurs engagements initiaux [2] ». Sarkozy, c'est juré, ne sera pas un nouveau Chirac. Il agira, et ses électeurs ne seront pas déçus. Les autres non plus.

---

1. Nicolas Sarkozy, *Témoignage, op. cit.*
2. Nicolas Sarkozy, *Libre, op. cit.*

CHAPITRE 8

Le site France

La droite française s'est éloignée de la nation. En 2007, le gaullisme fait figure de lointain souvenir. Le culte de l'indépendance nationale est moribond. L'élection présidentielle de 1974 a marqué une étape essentielle dans cette « dénationalisation » de la droite. La victoire de Valéry Giscard d'Estaing assurait la revanche de sa composante non gaulliste. Le jeune président de la République qualifia la France de « puissance moyenne » en raison de la modestie de son poids démographique. Sa stratégie était d'en finir avec l'exception et la prétention gaulliennes. Un projet parfaitement cohérent avec sa propre entreprise « modernisatrice ».

Jacques Chirac a beaucoup contribué, lui aussi, à solder l'héritage du gaullisme. D'abord en facilitant l'accès au pouvoir de VGE, ensuite en dépouillant le « parti gaulliste » de tout ce qui assurait encore sa spécificité pour le transformer en une formation conservatrice au service de son insatiable appétit de pouvoir. Chirac a masqué par quelques discours aux accents patriotiques – dont le plus extrême reste l'« appel de Cochin » – le ralliement du RPR à la plupart des thèmes de la droite libérale ou conservatrice. Au-delà des symboles, la problématique nationale a cessé d'être la colonne vertébrale de la formation chiraquienne.

Il est vrai que le chef de l'État sortant est plus radical-socialiste que gaulliste. Il a moins « trahi » le fondateur de la Vᵉ République qu'il ne s'est enfoncé dans une conception opportuniste et désenchantée de la politique. Écoutons la confidence qu'il a faite un beau jour à François Bayrou : « Mais qu'est-ce que tu crois ? La politique, c'est fini. Ça ne sert plus à rien. Le gouvernement doit faire ce qu'il faut pour que ça n'aille pas trop mal en France. Et le président sert à représenter la France à l'étranger. C'est tout[1]. » Le Général peut se retourner dans sa tombe. À quelques notables exceptions près, la droite française a fait son deuil du rêve de grandeur nationale. Elle épouse un mouvement du monde qui limite l'action des États.

La place de la nation dans le paysage des idées politiques n'a cessé de bouger en France. Ce concept est né à gauche avec la Révolution. La gauche républicaine a longtemps brandi le drapeau tricolore. La thématique nationale est passée ensuite à droite au cours du xixᵉ siècle. La gauche s'affirmait comme internationaliste tandis que les conservateurs se regroupaient autour de la défense des valeurs traditionnelles et de l'armée. Aujourd'hui, le clivage induit par la mondialisation libérale déporte de nouveau la nation à gauche. La droite se sent mieux en phase avec l'évolution planétaire. Elle devient postnationale.

Une droite mondialiste

Fortement divisée sur la question, la gauche hésite à se poser en défenseur de la nation. La droite, pour sa part, semble avoir réglé le problème. Elle communie de plus en plus dans un internationalisme de type nouveau. « L'inter-

---

1. Éric Zemmour, *L'homme qui ne s'aimait pas, op. cit.*

nationalisme capitaliste est en marche [1] », s'amuse Patrick Devedjian. « L'internationalisme passe à droite dans le monde entier alors que le nationalisme repasse à gauche », analyse en écho Nicolas Baverez. La droite, ajoute-t-il, est portée par le puissant processus de « dilatation du monde » que génère la mondialisation. Le cap est fixé par une droite américaine qui « a conduit victorieusement deux révolutions, l'une contre l'Union soviétique, l'autre en faveur de la mondialisation [2] ».

Célébrée ou honnie, la mondialisation se transforme en principale ligne de clivage au sein du débat politique français. Une passionnante enquête, réalisée par l'agence intellectuelle Telos, met en lumière l'opposition entre la façon dont les députés socialistes et les députés UMP la perçoivent [3]. La mondialisation est un processus avant tout « positif » pour 43 % des élus de droite. Seulement 4 % des élus du PS partagent cet avis. Inversement, 38 % de ces derniers privilégient une approche négative du phénomène, contre 3 % des députés UMP.

À partir de cette étude, Zaki Laïdi, fondateur de Telos, souligne la conversion libérale de la droite française, « en rupture » avec sa propre histoire, puisqu'elle a longtemps été « étatiste et souverainiste ». Analysant cette même enquête, le politologue Gérard Grunberg pense que la mondialisation est en train de « redessiner les clivages au sein de la classe politique » : « Face à une droite de gouvernement, plus libérale demain qu'hier sur le plan économique, qui défendra l'idée que nos difficultés à affronter la concurrence internationale ont des origines spécifiquement fran-

---

1. Entretien avec l'auteur, 11 juillet 2006.
2. Entretien avec l'auteur, 1er juin 2006.
3. Enquête réalisée auprès de 165 députés français de janvier à mai 2006. www.telos-eu.com/4_dossiers/deputes_et_mondialisation.

çaises qui nous obligent à modifier notre modèle social pour diminuer le chômage, la gauche, estimant que la France n'a pas de difficultés spécifiques d'adaptation, voudra au contraire protéger le pays des dangers de la mondialisation, en défendant les services publics, en s'opposant aux délocalisations, en taxant davantage le capital et en revendiquant le "modèle social français".» Les stratégies effectives des uns et des autres seront sans doute plus complexes : la droite sera obligée de tenir compte des inquiétudes sociales tandis que la gauche ne pourra s'opposer frontalement aux contraintes économiques. Mais, tendanciellement, c'est bien ce clivage qui devrait être l'organisateur des futures batailles électorales.

Le référendum constitutionnel européen du 29 mai 2005 annonce une telle configuration des forces politiques. L'électorat de gauche a basculé dans le camp de la défense des frontières. Le PS a appelé à voter « oui », mais la majorité de ses électeurs ont dit « non » à un projet de Constitution européenne perçu comme le cheval de Troie du libéralisme et de la mondialisation. L'évolution est spectaculaire par rapport au référendum sur le traité de Maastricht du 20 septembre 1992. À l'époque, 78 % des électeurs socialistes avaient suivi les consignes de leur parti en disant « oui à l'Europe ». Ce pourcentage est tombé à 44 % en 2005[1]. À l'opposé, le « oui » a grimpé de 49 % à 73 % d'un référendum européen à l'autre dans l'électorat de la droite parlementaire.

Ces évolutions ne s'expliquent que partiellement par la couleur politique du président de la République en place à l'époque – de gauche en 1992 et de droite en 2005. Elles expriment aussi et surtout les profonds reclassements des

---

1. Sondages réalisés à la sortie des bureaux de vote par l'institut Ipsos, septembre 1992, mai 2005.

attitudes sociales. Déjà réticents lors du référendum sur la monnaie unique, les employés et les ouvriers se révèlent en 2005 massivement hostiles à l'Europe telle qu'elle se construit. Le référendum sur la Constitution européenne a également été le théâtre d'un net basculement des professions intermédiaires dans le camp de ceux qui se méfient d'une ouverture incontrôlée des frontières.

La question européenne est inséparable de celle de la mondialisation. Les enquêtes d'opinion confirment l'hostilité de plus en plus forte des sympathisants de gauche à l'égard de ce processus jugé aussi incontrôlable qu'inquiétant. La mondialisation évoque quelque chose de « négatif » pour 60 % des électeurs de gauche en avril 2005[1]. Cette proportion n'était que de 47 % en mai 2000. Dans l'électorat de droite, la mondialisation reste majoritairement perçue de manière positive (53 %). C'est de ce côté de l'échiquier politique que les évolutions du monde contemporain inquiètent le moins. La droite a moins mal à la nation que la gauche. Ségolène Royal l'a compris, au point de déclarer, en annonçant sa candidature à l'investiture socialiste : « Chez nous, on le sait, le social et le national marchent ensemble, et c'est l'État qui est garant de leur alliance[2]. »

Cette réorganisation des attitudes politiques n'est pas spécifique à la France. Aux États-Unis, le soutien au libre-échange est de plus en plus l'apanage des républicains. En 1997 encore, les électeurs démocrates y étaient plus favorables que les républicains (52 % contre 25 % pensaient que le libre-échange était une « bonne chose »). La situation s'est nettement inversée en 2004 : une franche majorité de républicains (52 % contre 28 %) célèbre désormais les vertus d'un libre-échange qui ne séduit plus qu'une petite

---

1. Enquête Ipsos-Fondation Gabriel Péri, avril 2005.
2. Discours de Vitrolles, 29 septembre 2006.

moitié des démocrates (43 % contre 39 %)[1]. Une autre enquête confirme cette évolution : la proportion de sympathisants démocrates attribuant une note positive au libre-échange a chuté de 42 % en 1999 à 30 % en 2004. Au cours de la même période, l'attitude des électeurs républicains est restée stable (respectivement 45 % et 46 % à la même question)[2]. Outre-Atlantique aussi, la mondialisation est passée à droite.

Sarkozy l'Américain

La France est-elle encore une nation capable de décider de son propre avenir ? En son for intérieur, une certaine élite répond par la négative. Enserrée dans la mondialisation, condamnée à en suivre le mouvement, la France ne serait plus qu'un territoire dépendant. Le Medef ne connaît qu'un « site France » dont il serait urgent de « relancer l'attractivité ». Dans d'influents milieux économiques, non seulement le cadre national est dépassé, mais l'Europe elle-même n'est déjà plus un horizon pertinent. C'est à l'échelle du monde que raisonne la grande bourgeoisie. Cette problématique rejoint celle de l'impérieuse « adaptation » aux nouvelles normes de l'économie internationale. Supposée à la traîne, la France devrait « se bouger » pour être enfin à l'unisson de la révolution libérale qui s'est répandue dans le monde occidental.

Ce « mondialisme » est générateur d'un atlantisme assumé. La révolution libérale est partie des États-Unis.

---

1. The Pew Research Center, « Foreign policy attitudes now driven by 9/11 and Iraq », partie 6, 18 août 2004.
2. The PIPA/Knowledge Networks Poll, « Americans on globalization, trade, and farm subsidies », 22 janvier 2004.

C'est en regardant de l'autre côté de l'Atlantique que la droite cherche désormais le sens de l'histoire. Le phénomène est largement européen. « L'américanisation progresse à droite comme à gauche, mais au sein du Parti populaire européen on a une droite très atlantiste », constate Franck Debié. Le directeur général de la Fondation pour l'innovation politique ajoute que « la France et l'Allemagne ont quelque chose d'exotique dans ce paysage [1] ». Peut-être plus pour très longtemps.

En France, Nicolas Sarkozy incarne à la fois des convictions libérales mondialistes, un style politique américanisé et des prises de position atlantistes. Bravant la tradition de sa famille politique d'origine, le candidat de la droite ne dissimule pas ses sentiments proaméricains. Il s'est montré très discret lors du bras de fer entre Paris et Washington avant la guerre en Irak. S'il ne s'est pas prononcé en faveur d'une intervention, il n'a pas non plus fait preuve de beaucoup de zèle pour défendre la position française. Un an après la fin du conflit, et alors que les relations franco-américaines demeuraient exécrables, il s'est rendu à plusieurs reprises aux États-Unis pour déclarer sa flamme aux Américains.

Le 23 avril 2004, à Washington, devant l'American Jewish Committee, le dirigeant de l'UMP revendique haut et fort son surnom de « Sarkozy l'Américain » : « J'en suis fier. Je n'ai pas peur de dire que je partage beaucoup de valeurs américaines [2]. » Le 4 octobre de la même année, devant les étudiants de l'université Columbia, Sarkozy n'y va pas de main morte pour flatter son public : « Les Français aiment les Américains. Le rêve des familles françaises, c'est

---

1. Entretien avec l'auteur, 29 juin 2006.
2. Patrick Jarreau, « Nicolas Sarkozy à Washington en ministre d'État », *Le Monde*, 25 avril 2004.

que les jeunes aillent étudier dans les universités américaines. Quand nous allons au cinéma, c'est pour voir des films américains. Quand nous ouvrons nos radios, c'est pour écouter de la musique américaine. Nous aimons les États-Unis. Ne voyez pas le monde comme un monde hostile. » Et de conclure sur le même ton enflammé : « Le monde vous admire. Le monde vous respecte[1]. »

Chez celui qui va jusqu'à se décrire comme « étranger en son propre pays[2] », cette admiration est une constante. À l'occasion d'un nouveau voyage outre-Atlantique, en septembre 2006, Sarkozy rend à nouveau hommage au modèle américain : « J'aime l'énergie et la fluidité de l'Amérique. Ce sentiment que tout est possible. Cette impression – peut-être artificielle – que des sagas sont possibles, qu'on peut partir du bas de l'échelle et monter très haut, ou bien le contraire. » C'est tout juste s'il critique la « brutalité » sociale et le communautarisme qui règnent aux États-Unis. Avec un brin de provocation, Sarkozy se prétend « capable » d'assumer sa réputation de « candidat proaméricain ». Et il attaque publiquement l'attitude du Quai d'Orsay à propos de la guerre en Irak. S'il assure qu'il approuve « sur le fond » les avertissements alors lancés aux Américains par Jacques Chirac, c'est pour mieux critiquer la stratégie française. « La menace du droit de veto était inutile », tranche-t-il, semblant faire porter à Paris la responsabilité de la brouille : « Les Américains ont eu le sentiment d'être abandonnés par une nation dont ils se sentaient proches par l'histoire et par les valeurs[3]. »

---

1. Corine Lesnes, « En visite à New York, M. Sarkozy se dépeint comme "étranger en son propre pays" », *Le Monde*, 6 octobre 2006.

2. *Ibid.*

3. « Nicolas Sarkozy : "J'aime l'énergie et la fluidité de l'Amérique" », interview par Patrick Jarreau, Arnaud Leparmentier et Philippe Ridet, *Le Monde*, 10 septembre 2006.

À Washington, Sarkozy enfonce le clou. Sans jamais émettre la moindre critique à l'égard de l'attitude américaine dans cette querelle, il multiplie les piques contre un gouvernement dont il était pourtant membre : « Il n'est pas convenable de chercher à mettre ses alliés dans l'embarras, ou de donner l'impression de se réjouir de leurs difficultés. J'ai toujours préféré l'efficacité dans la modestie plutôt qu'une grandiloquence stérile. Et je ne veux pas d'une France arrogante et pas assez présente. » Il plaide en faveur d'un « dialogue constructif, sans arrogance, sans mises en scène [1] ». Le message est transparent : la France a eu tort de se comporter comme elle l'a fait en ces moments décisifs. « C'est une mauvaise stratégie d'ignorer ou de critiquer ses amis, explique-t-il dans son livre paru en 2006. Or les Américains ont été, sont et seront nos amis [2]. »

George Bush l'a parfaitement compris, et il a fait à Sarkozy, le 12 septembre 2006, la grâce de lui accorder une rencontre d'une demi-heure avec photo à l'appui. Non sans le féliciter pour ses discours. « Il m'a dit qu'il appréciait que j'assume l'amitié avec les États-Unis », a confié l'heureux Sarkozy. Mieux encore, le président américain et l'aspirant président français ont évoqué avec complicité la course élyséenne de 2007. Le message de Bush à celui qu'il espère être son futur partenaire a, semble-t-il, été plutôt encourageant. De l'aveu même de l'intéressé, il se situait « entre *good luck* et *take care* [3] ».

Pendant ce voyage, Sarkozy s'est spectaculairement aligné sur les positions américaines à propos des grands

---

1. Discours devant la National Society of Daughters of the American Nation, Washington, 12 septembre 2006.
2. Nicolas Sarkozy, *Témoignage, op. cit.*
3. Judith Waintraub, « Nicolas Sarkozy revendique son succès américain », *Le Figaro*, 14 septembre 2006.

sujets de l'heure, à l'exception des questions environnementales. Face à l'Iran, il a prôné « la plus grande fermeté » et souligné qu'il « faut laisser toutes les options ouvertes » – allusion transparente à un éventuel usage de la force militaire. Au cours d'une réunion à huis clos avec une douzaine de membres de la communauté juive américaine, le 11 septembre, il a affirmé que la France aurait dû envoyer des troupes plus tôt au Liban et a qualifié le Hezbollah de mouvement purement « terroriste », ce que Chirac s'est toujours gardé de faire [1].

La « nouvelle ère dans les relations transatlantiques » que Sarkozy appelle de ses vœux annonce une France nettement moins farouche. Le très atlantiste député UMP Pierre Lellouche, qui assistait à l'entrevue avec Bush, ne le cache pas : « Sans prononcer le mot de rupture, pour ne vexer personne, c'est une musique totalement différente que Nicolas Sarkozy a fait entendre aux Américains. Inutile d'agresser Jacques Chirac. Mais, si on gagne la présidentielle le 6 mai, il sera temps de changer de politique étrangère le 7 [2]. » Cette révision annoncée n'épargnera pas la politique de défense. « Est-ce qu'il faut revoir notre stratégie nucléaire ? La réponse est sans doute oui, pour partie, dans le cadre de l'actualisation nécessaire de notre politique de défense [3] », a déclaré le candidat de la droite, sans plus de précisions, à la revue atlantiste *Le Meilleur des mondes*.

Le proaméricanisme de Sarkozy se conjugue avec un sou-

---

1. Elaine Sciolino, « French presidential hopeful tours the US », *The New York Times*, 13 septembre 2006.
2. Antoine Guiral, « Chirac juge lamentable l'atlantisme de Sarkozy », *Libération*, 18 septembre 2006.
3. Nicolas Sarkozy, « La France doit porter des valeurs universelles, et les faire vivre », entretien avec Pascal Bruckner, André Glucksmann, Michaël Prazan et Yasmina Reza, *Le Meilleur des mondes*, automne 2006.

tien systématique à Israël. Pendant la guerre au Liban de l'été 2006, le président de l'UMP se démarque à nouveau des positions officielles de la France par son discret engagement aux côtés de l'État hébreu. Il rencontre le 19 juillet Zeev Boim, ministre israélien de l'Intégration en visite à Paris. Invité le soir même à la grande synagogue de la Victoire par le Fonds social juif unifié, l'Agence juive et le Consistoire de Paris, Boim rend compte de son entrevue avec le ministre de l'Intérieur : « Je l'ai remercié pour sa défense d'Israël et lui ai transmis les félicitations d'Ehoud Olmert. M. Sarkozy est revenu sur le fait que le Hezbollah était responsable de l'agression. Il m'a demandé : "De combien de temps l'État d'Israël a-t-il besoin pour terminer le travail ?" Je lui ai répondu : "Une semaine à dix jours"[1]. » Encore une fois, l'alignement de Sarkozy sur les positions de Washington est frappant.

Ariel Sharon a d'ailleurs pu qualifier le candidat de la droite d'« ami d'Israël » lorsque celui-ci s'est rendu dans l'État hébreu, en décembre 2004. Sarkozy a eu le courage d'avertir les Israéliens qu'ils devront coexister avec un véritable État palestinien : « Un peuple occupé ne renoncera jamais, quoi qu'il endure, l'histoire le montre[2]. » Mais il a aussi et surtout lancé ce message dès son arrivée à Tel-Aviv : « Je veux que vous compreniez que je vous ai compris. » Sarkozy a également souligné la vigueur avec laquelle il lutte en France contre un antisémitisme « sous-estimé », selon lui, par ses prédécesseurs place Beauvau — une opinion très largement répandue dans la communauté juive. En mai 2004, recevant la Légion d'honneur des mains

---

1. Xavier Ternisien, « Bénédiction très politique pour les émigrants juifs de France », *Le Monde*, 21 juillet 2006.
2. Discours lors de la conférence 2004 d'Herzliya, 16 décembre 2004.

de Sarkozy, Israel Singer, président du Congrès juif mondial, jugeait que la politique de la gauche française contre l'antisémitisme avait été « moins concluante » que celle de la droite. Quelques jours plus tôt, le ministre de l'Intérieur avait accusé Daniel Vaillant et le gouvernement de Lionel Jospin d'avoir « réussi à faire croire aux États-Unis que la France était un pays antisémite[1] ».

La gêne de la gauche face à l'émergence d'un nouvel antisémitisme, porté notamment par une minorité des musulmans vivant en France, a bousculé les attitudes traditionnelles de la communauté juive. Son glissement vers la droite s'inscrit dans le contexte d'une « guerre contre le terrorisme » qui attribue à Israël un statut d'avant-poste dans la lutte contre le Mal. Aux États-Unis, l'ancrage à gauche de la communauté juive s'est érodé, même s'il demeure fort : le vote en faveur de Bush parmi les juifs a progressé de 19 % à 25 % entre 2000 et 2004[2]. En France, l'inflexion apparaît plus marquée, et l'appartenance de cette communauté à l'univers de la gauche ne va plus de soi. Une enquête du Fonds social juif unifié réalisée en 2002 montrait que 43 % des juifs se considéraient comme étant de gauche, 41 % du centre et 14 % de droite[3].

Depuis cette date, le curseur s'est encore déplacé vers la droite. « Beaucoup de juifs éprouvent de la gratitude pour Nicolas Sarkozy[4] », estime Roger Cukierman, le président du Crif (Conseil représentatif des institutions juives de France). Une frange radicalisée de cette communauté lorgne du côté de Philippe de Villiers, qui axe sa propagande

---

1. Henri Tincq, « Le président du Congrès juif mondial et le long passé antisémite français », *Le Monde*, 5 mai 2004.

2. Sondage sortie des urnes, CNN.

3. Cécilia Gabizon, « La droite progresse au sein de l'électorat juif », *Le Figaro*, 19 juin 2006.

4. *Ibid.*

autour de la lutte contre l'« islamisation » de la France. Cukierman lui-même favorise cette droitisation en s'en prenant parfois avec violence aux courants de gauche accusés de complaisance à l'égard de ceux qui conjuguent antisionisme et antisémitisme. « Cette alliance brun-vert-rouge donne le frisson [1] », déclare-t-il le 25 janvier 2003 lors du dîner annuel de son organisation. Une notable partie de la communauté juive vit aujourd'hui ses retrouvailles avec la droite.

Résistances nationalistes

L'atlantisme de Sarkozy séduit certains intellectuels. « J'en veux beaucoup à la tradition gaulliste et étatiste », reconnaît Alain Besançon, qui se sent appartenir à la droite orléaniste et aurait été « heureux sous Guizot ou Tardieu ». Son soutien à Nicolas Sarkozy se mesure à l'aune de sa critique de Jacques Chirac : « Se brouiller avec Israël et le monde juif, c'est se brouiller avec les États-Unis, avec le monde de la science et des médias, c'est quand même plus important que le monde arabe [2]. »

Mais d'autres penseurs insistent sur l'importance de la question nationale. Pierre Manent ne désespère pas que « la droite [finisse] par se rendre compte que la nation est au cœur de son identité ». Il déplore que « les professionnels de la politique n'aient compris que très tardivement que les Français sont malheureux par rapport à la thématique nationale [3] ». Cela n'a pas échappé à Sarkozy. Au printemps

---

1. Xavier Ternisien et Nicolas Weill, « Le président du Crif met en garde l'extrême gauche contre une "alliance brun-vert-rouge" », *Le Monde*, 28 janvier 2003.
2. Entretien avec l'auteur, 8 juin 2006.
3. Entretien avec l'auteur, 14 juin 2006.

2006, le leader de l'UMP surprend son monde en remettant subitement la France à l'honneur dans ses déclarations publiques. Le 9 mai, à Nîmes, il prononce un vibrant discours « Pour la France », celle-là même « dont on n'a pas assez parlé ces temps derniers ». « Je ne crois pas à la fin des nations », s'exclame-t-il, disant refuser que la France soit « condamnée à devenir une province européenne, dans une Europe sans identité, sans frontières, ouverte aux quatre vents de la mondialisation au lieu d'en être un rempart protecteur ».

Sarkozy a confié par la suite qu'une rencontre avec l'écrivain Max Gallo, auteur de *Fier d'être français*, avait influencé son discours nîmois [1]. L'ancien directeur de campagne de Jean-Pierre Chevènement n'a pas été sa seule source d'inspiration. Les soudaines bouffées patriotiques du président de l'UMP doivent aussi être mises sur le compte de la présence, dans son entourage, d'Henri Guaino. Chantre de la « fracture sociale » aux côtés de Chirac pendant la campagne présidentielle de 1995, l'ancien commissaire au Plan se flatte d'avoir convaincu Sarkozy qu'il ne pouvait pas gagner « s'il devait seulement être le candidat de l'atlantisme et du communautarisme [2] ».

Guaino est dans la salle à Agen, le 22 juin, pour le deuxième discours symbolique du « virage national » de Sarkozy. Ce jour-là, est aussi présent le très orthodoxe balladurien Nicolas Bazire, ancien directeur de cabinet de Matignon devenu directeur général de LVMH. Le futur candidat célèbre l'« identité française » et donne un tour inhabituellement social et volontariste à son propos. Faut-il en inférer un changement de fond ? Les belles paroles patrio-

---

1. « Culture et dépendances », France 3, 21 juin 2006.
2. Philippe Ridet, « Nicolas Sarkozy cherche la synthèse entre rupture libérale et volontarisme gaullien », *Le Monde*, 27 juin 2006.

tiques et sociales de Sarkozy n'abuseront que ceux qui veulent être convaincus. Elles ont surtout une fonction d'enrobage. Henri Guaino a proposé à Hervé Novelli une belle alliance entre « nationaux » et « libéraux ». Si celle-ci devait effectivement être scellée, elle serait asymétrique. Aux premiers, la confection du paquet. Aux seconds, le choix de son contenu. Manuel Aeschlimann, spécialiste de l'opinion à l'UMP, trahit la dimension tactique de ces discours en regrettant qu'ils aient été prononcés aussi tôt dans la campagne. Au risque de passer inaperçus dans la grande opinion, qu'ils sont censés impressionner.

Même si le gaullisme n'existe plus que comme souvenir, Sarkozy doit tenir compte de la permanence de la sensibilité qu'il exprimait dans le pays. La popularité de Jacques Chirac lorsqu'il s'est opposé au projet de guerre américaine en Irak en témoigne. C'est de cette époque aussi que date le prestige acquis par Dominique de Villepin. Chacun se souvient de son fier discours prononcé à la barbe des Américains devant le Conseil de sécurité de l'ONU.

À travers ses écrits fiévreux, Villepin apparaît comme possédé par une forme de romantisme gaullien. Il situe explicitement l'action du fondateur de la Ve République dans le prolongement de celle de Napoléon – pour le plus grand plaisir des historiens qui rattachent le gaullisme à la droite bonapartiste. « L'aventure gaullienne reprend l'élan consulaire par la restauration d'un exécutif fort et de l'autorité de l'État, un même mépris des partis et du compromis, un goût commun pour l'action, une obsession de l'intérêt général et de la grandeur de la France [1] », écrit-il en conclusion de ses *Cent-Jours*. Villepin pratique incontestablement le « mépris » gaullien des partis... Cette posture, entre

---

1. Dominique de Villepin, *Les Cent-Jours ou l'esprit de sacrifice*, Perrin, 2001.

autres, l'a sans doute empêché de devenir le champion du néogaullisme auquel il rêvait. Le Premier ministre demeure dans le registre du symbolique plus que dans celui de l'incarnation politique.

Le flambeau du gaullisme n'est brandi que par des figures isolées. Avec plus de convictions que de troupes, Nicolas Dupont-Aignan tente d'occuper ce créneau vacant. Le député de l'Essonne anime au sein de l'UMP un courant gaulliste baptisé Debout la République. Il a recueilli 15 % des voix face à Alain Juppé en 2002, puis 10 % contre Nicolas Sarkozy deux ans plus tard. Dupont-Aignan accuse ce dernier d'être un « libéral-réactionnaire » et entend le combattre sans complaisance. Après le voyage de Sarkozy aux États-Unis, il a dénoncé « l'atlantisme béat » du « candidat de la droite libérale américaine qui accumule les génuflexions devant le Medef, Bruxelles, et maintenant Washington ». Avec une foi millénariste, il rêve de faire échouer le projet d'une fermeture définitive de la « parenthèse gaulliste ». « La droite bonapartiste existe dans le pays, peut-être représente-t-elle 10 % des électeurs [1] », assure celui qui a l'intention d'être candidat à l'élection présidentielle hors UMP.

« Le décalage entre les élites mondialisées et le peuple est colossal », affirme encore Dupont-Aignan. Il est persuadé que l'aura de Sarkozy faiblira lorsque l'opinion prendra conscience de son orientation libérale et communautariste. Encore le candidat de l'UMP est-il résolu à brouiller les pistes et à masquer, autant que faire se peut, certaines convictions trop impopulaires. Il n'est pas sûr que ce soit en forçant la voix et en accusant les autres candidats de participer à un « dîner de cons [2] » que Dupont-Aignan se

1. Entretien avec l'auteur, 31 mai 2006.
2. Discours de lancement de campagne, 18 octobre 2006.

fera entendre. Il court le risque que sa candidature soit une candidature de témoignage, comme celle de Michel Debré en 1981 (1,66 % des suffrages exprimés).

Pour la droite classique en général et Sarkozy en particulier, c'est d'abord du côté de la droite extrême que se situe la concurrence « nationaliste ». Le Front national est installé dans la vie politique française depuis maintenant une vingtaine d'années. Tout le talent de Jean-Marie Le Pen aura été de fédérer des courants divers et parfois antagonistes : pétainistes, monarchistes, racialistes athées, catholiques intégristes, néofascistes masqués, ultraconservateurs avoués, etc. Le FN s'est simultanément appuyé sur une fraction de la vieille droite réactionnaire et sur une certaine tradition bonapartiste. La thématique de la nation, y compris sous la forme rabougrie de la « préférence nationale », est au cœur de son discours.

L'impact électoral du FN est, en partie, le fruit de la « dégaullisation » accélérée de la droite au cours de la dernière période. Victime de ses routines intellectuelles, la gauche, quant à elle, s'est révélée incapable de se saisir de la question nationale. Devenue pratiquement la seule formation politique à parler de « la France », l'extrême droite a profité de ce vide. Dans sa tentative de détournement de l'identité française, le FN cherche désormais à se parer des couleurs « républicaines ». C'est à Valmy, haut lieu de la Révolution française, que Le Pen a osé lancer, en septembre 2006, sa campagne présidentielle. Au grand dam de la vieille garde frontiste.

Marine Le Pen tente de rénover un FN menacé par l'usure du non-pouvoir. Le phénomène Sarkozy est à la fois un handicap et un atout pour le parti. Le discours sécuritaire du candidat de l'UMP lui coupe l'herbe sous le pied. En même temps, ses orientations atlantistes ouvrent un espace à l'extrême droite. Car il existe une droite antiaméricaine, et parfois antisémite, qui peine à être représentée. Elle se réfugiera peut-être, en avril 2007, dans les jupes de Le Pen. À moins qu'elle ne se laisse séduire par Philippe de Villiers. Le président du MPF (Mouvement pour la France) est encore plus mal placé que Le Pen pour brandir l'étendard républicain. Le voici qui se présente pourtant comme le champion du « patriotisme populaire ». Son « nationalisme » promet de défendre la France à la fois contre la « menace islamiste » et contre les dégâts du mondialisme. Cette variété de démagogie a pour elle d'être en phase avec les réactions de rejet suscitées par l'intégrisme musulman.

D'ores et déjà, l'entreprise Villiers récupère une fraction de l'extrême droite. Le secrétaire général du MPF, Guillaume Peltier, est l'ancien responsable des jeunes du FN. Le quotidien catholique traditionaliste *Présent* apprécie les charges répétées du député vendéen contre l'« islamisation de la France ». La figure intellectuelle de ce courant, Bernard Antony, ne cache pas son intérêt pour les orientations du parti de Villiers : « Je parlerais avec Villiers d'autant plus facilement que, sur bien des plans, notamment le refus de l'islamisation de notre pays, la souveraineté nationale, la défense de la famille et de la patrie, son discours est plus ferme que celui du Front national aujourd'hui [1]. »

Les velléités modernisatrices du FN apportent de l'eau au moulin des partisans de Villiers. Ceux-ci soulignent que leur champion est à la fois moins sulfureux que Le Pen – il n'a jamais dérapé à propos de la dernière guerre mondiale – et plus conséquent – il ne transige pas avec la défense des valeurs traditionnellement prisées par la droite extrême. Si Sarkozy conserve sa réputation de garant du nouvel ordre sécuritaire, Le Pen connaîtra vraisemblablement un déclin

---

1. Christiane Chombeau, « La presse d'extrême droite n'est pas insensible à M. de Villiers », *Le Monde*, 4 octobre 2005.

électoral. Mais la probable perte de vitesse du lepénisme n'implique pas que la droite sera enfin tranquille sur son flanc radical. Plus elle campera sur des positions libérales et mondialistes, plus elle sera confrontée à une droite conservatrice et nationaliste. Le Pen a su incarner cette réaction. Villiers ou d'autres ne manqueraient pas de prendre le relais si le FN ne remplissait plus son office.

CHAPITRE 9

L'unificateur Sarkozy

Nicolas Sarkozy occupe presque tout l'espace à droite. Depuis que Dominique de Villepin s'est discrédité en jouant à l'apprenti libéral, le ministre de l'Intérieur règne sans partage. Aucun rival sérieux ne lui fait d'ombre. Ceux qui ne l'aiment pas – il n'en manque pas dans son camp – font, bon gré mal gré, profil bas. Le triomphe sarkozien est d'abord la récompense d'un flair politique hors pair. La pugnacité et les talents manœuvriers du patron de l'UMP ne souffrent aucune contestation. Du haut de ses 28 ans, l'ambitieux Sarkozy avait réussi à conquérir la mairie de Neuilly-sur-Seine à la barbe du puissant Charles Pasqua. Le pouvoir échoit souvent à ceux qui le désirent avec le plus d'ardeur. C'est son cas. « Ce qui fait la crédibilité d'une ambition, c'est le prix personnel qu'on est prêt à payer pour l'assouvir[1] », confesse sans fard Sarkozy.

Encore la volonté farouche doit-elle être épaulée par un heureux hasard. Napoléon exigeait de ses généraux qu'ils soient chanceux. Il aurait pu recruter Sarkozy. L'ancien maire de Neuilly-sur-Seine a certes connu son lot de déboires. Il a essuyé de sévères défaites électorales, dont la plus spectaculaire reste celle des européennes de 1999.

---

1. Raphaëlle Bacqué et Philippe Ridet, « Sarkozy : la firme », *Le Monde*, 20 juin 2006.

Conduite en tandem avec Alain Madelin, sa liste avait été devancée par celle du couple Pasqua-Villiers (12,5 % contre 13,1 % des suffrages exprimés). Sarkozy a aussi vécu une petite traversée du désert après l'échec d'Édouard Balladur à la présidentielle de 1995. Une réputation de traître lui a longtemps collé à la peau. Il a surmonté toutes ces épreuves avec détermination et stoïcisme.

Le début du troisième millénaire lui a réservé d'heureuses surprises. Pour commencer, un sort malin a éliminé du paysage politique une belle brochette de concurrents potentiels. En décembre 2001, envahi par la lassitude, François Léotard se retire de la vie politique plus sérieusement que Lionel Jospin. L'ultime incarnation du « libéralisme avancé » disparaît. En octobre 2002, après avoir été battu aux municipales de l'année précédente à Paris, Philippe Séguin abandonne son dernier mandat électoral et se réfugie à la Cour des comptes. Ce néogaulliste ombrageux n'avait pas la moindre intention de rejoindre « le marais qui tient lieu de parti unique de la droite [1] ». En février 2004, condamné dans une affaire de financement d'activités politiques, Alain Juppé annonce son « retrait » de la vie politique. Déjà affaibli par sa gestion gouvernementale de 1995-1997, le dauphin de Jacques Chirac sort du jeu et s'exile un temps au Québec.

Les malheurs de Juppé, Léotard et Séguin ont fait le bonheur de Sarkozy. Celui-ci est assurément doté de qualités qui manquaient à ces personnalités. Il a plus de constance que Léotard, plus de sang-froid que Séguin et plus de souplesse que Juppé. Mais son principal atout va au-delà de ces considérations psychologiques. Sarkozy appartient à la nouvelle espèce d'hommes politiques qui émerge en ce

---

1. Philippe Séguin, *Itinéraire dans la France d'en bas, d'en haut et d'ailleurs*, Seuil, 2003.

début de XXIe siècle. Il est mieux adapté à l'époque que Juppé, marqué par le chiraquisme, que Léotard, élevé dans le giscardisme, ou que Séguin, nostalgique du gaullisme. Il a compris que les règles du jeu ne sont plus les mêmes. « Pour lui, l'électeur est un client, alors que pour un énarque l'électeur est un administré », résume Michel Guénaire. Au-delà de leur modernité affichée, Léotard, Séguin et Juppé restaient façonnés par le moule de l'ENA. L'avocat Sarkozy est étranger à cette filiation. « Il se situe dans une forte logique de représentation, il écoute avant de parler [1] », observe Guénaire. L'ancien maire de Neuilly sait parfaitement doser l'offre politique adaptée au marché électoral de l'heure.

L'homme des trois droites

« Sarkozy, j'ai du mal à le situer [2] », reconnaît René Rémond. Le personnage ne peut qu'intriguer l'auteur de la célèbre trilogie des droites françaises. Sarkozy est un curieux produit de synthèse : idéologiquement orléaniste, politiquement bonapartiste et culturellement légitimiste. Ce syncrétisme fait sa force.

Le fond de son projet est incontestablement libéral. Sarkozy s'inscrit dans une longue filiation qui court de François Guizot à Édouard Balladur. L'attachement au libéralisme économique, mais aussi à une certaine modernité politique, participe de l'orléanisme. Les attaques du candidat de la droite contre le « modèle social français » au nom des impératifs de la compétitivité internationale s'inspirent de la version contemporaine du libéralisme. Fier de s'être

---

1. Entretien avec l'auteur, 20 septembre 2006.
2 Entretien avec l'auteur, 20 septembre 2006.

fait lui-même, chantre de la liberté individuelle et vouant un véritable culte au travail, Sarkozy est lesté de fortes convictions libérales. Il pourrait aisément reprendre à son compte la célèbre maxime de Guizot : « Enrichissez-vous par le travail et par l'épargne. » En ce sens, il est le champion de l'orléanisme d'aujourd'hui.

Or sa pratique politique est plutôt bonapartiste. Sarkozy a hérité de cette tradition le culte du chef et de l'autorité. « Dans son rapport au pouvoir, ce n'est pas un libéral[1] », relève Hervé Novelli avec un sourire. Le goût de l'action et le volontarisme de l'ancien dirigeant du RPR trahissent cette filiation avec le bonapartisme. « J'ai toujours associé la politique au devoir de l'action[2] », répète-t-il. Le président de l'UMP retient essentiellement du « gaullisme » qu'il a conduit des ruptures historiques, en 1945 comme en 1958. C'est « le choix de préserver la France éternelle par le mouvement et par la réforme plutôt que par l'immobilisme[3] ». Sarkozy croit toujours à la puissance publique. C'est un « étatiste forcené[4] », s'amuse Patrick Devedjian, qui lui reproche, mi-figue mi-raisin, ses tendances à l'interventionnisme économique. Son tempérament autoritaire masque parfois ses idées libérales. Il lui permet en tout cas de donner un minimum d'authenticité aux discours célébrant la nation qu'il prononce à l'occasion.

Culturellement, enfin, Sarkozy est partiellement l'héritier de la droite légitimiste. Née du rejet de la Révolution française, cette première droite était soudée par la vénération d'un ordre naturel voulu par Dieu et que les hommes n'avaient pas le droit de changer. La religion était alors la

---

1. Entretien avec l'auteur, 15 juin 2006.
2. Nicolas Sarkozy, *Libre*, *op. cit.*
3. Nicolas Sarkozy, *Témoignage*, *op. cit.*
4. Entretien avec l'auteur, 11 juillet 2006.

clef de voûte de l'ordre social. Sarkozy ne va pas jusque-là, mais, on l'a vu, il attribue aux religions une fonction sociale importante [1]. Pour lui, la foi et la pratique religieuses permettent d'assurer le lien social. Il s'appuie parfois sur les communautés de fidèles. Son communautarisme rappelle la représentation, chère à la droite légitimiste, d'une société composée de communautés naturelles chargées de gérer les rapports entre leurs membres.

Le cocktail sarkozien est redoutablement efficace. « Il s'agit d'une synthèse non idéologique qui repose sur un talent et une sensibilité politique extraordinaires [2] », analyse Pierre Manent. Cette prouesse permet à Sarkozy d'occuper un vaste espace idéologique. Elle lui fournit un vaste répertoire dans lequel il peut puiser au gré de ses intérêts stratégiques. Le candidat de l'UMP n'a pas à forcer sa nature pour séduire les patrons par un discours libéral, flatter les salariés par des envolées populistes ou se faire entendre des traditionalistes. Ces multiples facettes lui confèrent une précieuse mobilité dans le combat électoral.

Ce n'est pas la première fois qu'un leader voit converger sur son nom les traditions antagonistes de la droite. Une telle alchimie est souvent nécessaire pour que les droites cessent de s'entredéchirer et gouvernent durablement. En son temps, comme le remarque René Rémond, le général de Gaulle avait lui aussi emprunté aux trois droites. La politique économique conduite sous son règne fut parfois d'inspiration libérale, notamment sous l'influence de Jacques Rueff. Et la dimension légitimiste du gaullisme est parfaitement illustrée par l'intérêt du fondateur de la Ve République pour une monarchie républicaine qui aurait pu s'incarner dans le comte de Paris.

1. Nicolas Sarkozy, *La République, les religions, l'espérance, op. cit.*
2. Entretien avec l'auteur, 14 juin 2006.

Le dosage du mélange gaullien est toutefois fort différent de son lointain successeur sarkozien. Chez le Général, la réunion des trois droites était dominée par la tradition nationale et bonapartiste. Sarkozy les unit, pour sa part, sous un pavillon orléaniste et libéral. Il est l'héritier des révolutions conservatrices des décennies passées tout comme de Gaulle était le produit des sursauts nationaux de 1944 et 1958. Aujourd'hui comme à l'époque, les traditions historiques de la droite française ont peu de chances de disparaître à jamais. Elles demeurent à l'état latent et ne manqueront pas de resurgir aux premières difficultés ou lorsque le fédérateur disparaîtra. En attendant, la droite française est pour l'essentiel rassemblée derrière Sarkozy sous l'hégémonie de l'idéologie libérale.

Creuset UMP

Née dans la foulée de la victoire chiraquienne de 2002, l'UMP a fusionné avec une étonnante facilité des courants de droite qui s'étaient longtemps combattus. Anciens gaullistes, libéraux ou centristes cohabitent au sein d'une même formation dans un climat apaisé. « Cette unité de la droite est un vrai succès chiraquien », admet Patrick Devedjian, qui ajoute : « Le mélange s'est très bien réalisé au sein de l'UMP. Il n'y a pas eu de reconstitution des anciens partis. » Les responsables de l'UMP évoquent leurs anciennes étiquettes sur le mode de la plaisanterie. De manière significative, l'attribution d'une place prédéfinie pour chaque composante lors de la désignation du bureau du groupe UMP est de plus en plus contestée par les élus.

« Les députés UMP chassent désormais ensemble [1] »,

---

1. Entretien avec l'auteur, 11 juillet 2006.

180

résume Devedjian. La disparition des anciennes frontières partisanes a prouvé à quel point elles étaient artificielles. Le RPR a perdu sa substance gaulliste bien avant de se fondre dans l'UMP. Sur le terrain, le parti chiraquien ne se distinguait plus vraiment de l'UDF. À quelques exceptions près, les notables des deux formations étaient devenus interchangeables, et leurs électeurs se ressemblaient de plus en plus. L'union des droites s'est effectuée dans les têtes longtemps avant d'être actée formellement par un sigle commun.

Les droites se sont tellement bien dissoutes au sein de l'UMP qu'on distingue avec peine les différents courants qui la traversent. Initialement, le choix de l'unité la plus lisse fut retenu. « On fera des courants, mais plus tard, explique Alain Juppé avant le congrès fondateur de l'UMP. Quand on se marie, c'est parce qu'on s'aime. On va donc d'abord montrer qu'on s'aime[1]. » Pour amadouer les centristes, la direction de l'UMP prévoit que des « mouvements » pourront s'organiser en son sein, mais, en septembre 2003, Jean-Pierre Raffarin obtient que leur création soit reportée. Seul le néogaulliste Nicolas Dupont-Aignan proteste alors vigoureusement. N'ayant plus vraiment à cœur de défendre une originalité en voie de disparition, les centristes de l'UMP avalent la mesure. En novembre 2003, le conseil national du parti vote même l'abandon des courants.

Ceux-ci refont toutefois surface au printemps 2004, en même temps que les difficultés électorales. Chacun de leur côté, centristes et libéraux réunissent leurs partisans dans l'espoir d'influer sur le débat interne à l'UMP. Patrick Ollier cherche à faire émerger une « sensibilité gaulliste ». D'autres courants se font entendre, comme celui, déjà structuré, de Dupont-Aignan, ou encore les radicaux d'André

1. Interview au *Parisien*, 12 septembre 2002.

Rossinot. Mais ces velléités d'organisation du débat interne n'iront pas loin. L'ère de Nicolas Sarkozy approche. Or le nouveau président du parti de la droite est encore moins favorable aux courants qu'Alain Juppé.

Visant la conquête de l'UMP, Sarkozy a toujours interdit à ses partisans de se regrouper en courant. Pas question pour lui de s'enfermer dans une sensibilité trop étroite. Ses proches ont systématiquement combattu toute organisation pluraliste de la vie interne du parti. « Depuis le début, je me suis toujours battu contre l'existence de courants, confie le sarkoziste Christian Estrosi dès septembre 2003. Faire ce que fait le Parti socialiste me paraissait désastreux. J'avais perdu au moment de la création du parti. Aujourd'hui ça change, je m'en réjouis[1]. » Sous la ferme direction sarkozienne, le jeu des courants est désormais réduit à sa plus simple expression.

L'UMP est certes occasionnellement secouée par des débats internes. Ce fut le cas à propos du droit de vote des immigrés ou du projet de fusion GDF-Suez. Mais la formation ne vit pas au rythme d'un affrontement entre sensibilités idéologiques antagonistes. Regroupés sous l'étiquette « Démocrate et populaire », les anciens centristes font timidement entendre leur son de cloche. « La vérité est dans la nuance », déclare Pierre Méhaignerie en présentant leurs propositions pour le projet de l'UMP. Les centristes ne se distinguent qu'à la marge, souhaitant, par exemple, que l'abrogation des 35 heures ne soit pas inscrite au programme, ou prônant le maintien des charges patronales sur les heures supplémentaires[2]. Mais ils se disent confiants

---

1. Yves Bordenave, « L'UMP se range aux arguments de M. Raffarin et reporte la mise en place des courants », *Le Monde*, 18 septembre 2003.

2. Démocrate et populaire, « Pour une France plus juste et plus efficace : quelles ruptures ? », octobre 2006.

quant à l'orientation de Sarkozy en soulignant le tour « social » pris par ses discours d'Agen, de Douai ou de Périgueux.

Loin de l'héritage démocrate-chrétien, cette sensibilité défend désormais des thèses assez classiquement libérales. « Je peux enfin dire ce que je pense », a chuchoté Méhaignerie à l'oreille d'un collègue « réformateur ». Le mince vernis centriste n'a pas résisté à la vague conservatrice. Autrefois réputé « gaulliste social », François Fillon s'est lui aussi glissé, avec une surprenante facilité, dans le moule de l'orthodoxie libérale.

L'UMP est constituée d'un gros ventre mou qui suit le chef sans états d'âme. « La plupart de nos députés n'ont pas trop de convictions marquées, il se ressemblent un peu tous [1] », lâche Manuel Aeschlimann. Un immense marais réunit ceux qui ne discutent pas les orientations de Nicolas Sarkozy. Seules deux petites ailes défendent encore leurs idées avec ferveur. Côté gaulliste, le club Debout la République de Nicolas Dupont-Aignan agit à la fois dans et hors l'UMP. Il est vrai que l'audience du « souverainisme » dans le parti s'est beaucoup réduite. Le traité constitutionnel européen n'a provoqué que peu de débats en son sein. Seuls une demi-douzaine de députés s'y sont opposés.

L'autre aile qui manifeste un dynamisme propre est celle de l'avant-garde libérale, rassemblée autour d'Hervé Novelli depuis le retrait d'Alain Madelin. « La vraie nouveauté, c'est nous [2] », se félicite le député d'Indre-et-Loire. Les Réformateurs sont une petite centaine de députés UMP dont la foi libérale est d'intensité assez variable, puisqu'on y trouve des personnalités aussi éloignées qu'Olivier Dassault et Jean-Pierre Soisson... Ces libéraux tentent, eux

---

1. Entretien avec l'auteur, 12 septembre 2006.
2. Entretien avec l'auteur, 15 juin 2006.

aussi, de peser sur le projet législatif en proposant, par exemple, un « crédit d'impôt recherche intégral » ou encore le placement du Smic sous l'autorité d'un collège d'experts. Ils sont cependant confiants dans l'écoute du président de l'UMP : « Sur tous les grands sujets de société, retraite, 35 heures, innovation, décentralisation, dialogue social, ouverture au monde, les Réformateurs partagent avec Nicolas Sarkozy un point commun : le souci de la vérité et la culture du courage[1]. » Cette minorité-là croit à ses idées et sait les faire partager.

L'UMP a finalement réussi à copier le modèle du Parti populaire de José María Aznar. Depuis plusieurs années, la formation espagnole était la référence pour la droite française. Invité au congrès de l'UMP, en novembre 2002, Aznar l'avait lui-même incitée à emprunter la voie suivie de l'autre côté des Pyrénées. Car l'ancien Premier ministre espagnol a spectaculairement réunifié et modernisé la droite de son pays. Quand il est devenu président du PP, en 1989, celle-ci était encore divisée en courants hostiles, des démocrates-chrétiens aux postfranquistes en passant par les libéraux. Aznar a fait le ménage en se débarrassant des vieux barons et en rassemblant le parti autour de lui avec poigne : « Il est très difficile de diriger un parti qui comporte trop de courants politiques, il fallait un projet, de nouvelles bases idéologiques, de nouvelles têtes[2]. » D'une main de fer, le dirigeant espagnol a bâti une formation relativement homogène et surtout s'exprimant d'une seule voix, la sienne. Sarkozy marche sur ses traces. La droite française n'a pas suivi

---

1. Les Réformateurs, « Oui, la France à l'occasion des élections présidentielles de 2007 doit marquer une rupture », octobre 2006.
2. Martine Silber, « Le Parti populaire de José María Aznar, une référence pour la nouvelle majorité », *Le Monde*, 17 novembre 2002.

l'exemple de son homologue allemande, l'alliance CDU-CSU, qui a su préserver en son sein un certain pluralisme.

Derniers rivaux

À droite, la voie est désormais presque totalement libre pour Nicolas Sarkozy. Pourquoi Dominique de Villepin n'a-t-il pas réussi à incarner une alternative à l'orientation libérale et atlantiste privilégiée par le président de l'UMP ? Le créneau d'une droite plus pragmatique et républicaine existe en théorie. Qui plus est, dans ce camp, beaucoup ne supportent pas Sarkozy. « Il fait vraiment *cheap* pour nous », grimace un ancien giscardien. Promu à Matignon par un Jacques Chirac qui songeait sans doute à l'avenir, Villepin disposait de toutes les cartes pour devenir le candidat d'une autre droite.

Son terrible faux pas sur le CPE n'est pas la seule raison de son insuccès. Le Premier ministre avait cru habile de contourner Sarkozy sur sa droite. Péchant par activisme libéral, il s'était engagé dans une réforme du marché du travail mal pensée et brutalement mise en œuvre. Son obstination et son manque de souplesse dans la tourmente ont achevé de le décrédibiliser. En perdant la bataille du CPE, piteusement retiré en avril 2006, Villepin a perdu sur les deux tableaux : il a prouvé son impuissance à réformer, et il a inquiété ceux qui craignent une remise en cause des acquis sociaux.

Au-delà de ses maladresses, Villepin représentait-il une alternative au sarkozisme ? C'est douteux. Son prestige, dans l'opinion, vient de son célèbre discours du 14 février 2003 devant le Conseil de sécurité de l'ONU, en pleine crise irakienne. Villepin reste le ministre des Affaires étrangères qui a su, avec brio, dire non aux Américains. Sur le plan diplomatique, il incarne une tendance incontestablement opposée à celle d'un Sarkozy complaisant à l'égard de George Bush.

Mais les choses sont infiniment moins claires sur le plan intérieur. Le lyrisme républicain dont Villepin fait étalage dans *Le Cri de la gargouille* laisse songeur. La nature du « sursaut » national qu'il appelle de ses vœux manque singulièrement de précision. « Pour surmonter ses blocages et conjurer ses peurs, elle [la société française] a besoin de passeurs d'un temps à l'autre, d'une rive à l'autre, au-dessus des partis, qui sachent recréer les liens, raccommoder les déchirures, faciliter les mues, percer de lumière les nuées et guérir le cancer du doute. » Mais encore ? « Il faut donc se mettre en situation de répondre aux aspirations morcelées et évolutives de tous ceux qui revendiquent de nouveaux droits, expriment de nouveaux besoins », annonce-t-il, professant plus loin : « À une société dispersée doit répondre un pouvoir recomposé, privilégiant la proximité, quotidiennement présent et sans cesse réinvesti d'une mission simple et précise, que le citoyen peut évaluer selon ses résultats. » Un éloge de la proximité qui sonne étrangement eu égard à la tradition gaulliste. « Quand tout évolue aussi vite, quand la mobilité et le mouvement deviennent la règle, l'hésitation et l'immobilisme se paient cher [1] », prévient enfin Villepin. Sarkozy dit-il autre chose ?

Les gènes gaullistes de Villepin n'apparaissent que lorsqu'il discourt à propos de la France en général, comme en témoignent ses vœux à la presse pour l'année 2006 : « La France a une vocation. Elle a les vocations européenne et internationale ; elle a quelque chose à dire de particulier sur la scène mondiale ; elle a des valeurs et des principes de

---

1. Dominique de Villepin, *Le Cri de la gargouille*, Albin Michel, 2002.

justice, de liberté, de paix à défendre. » Mais lorsqu'il parle des Français et de leurs problèmes, la tonalité change. Son bonapartisme romantique a tendance à céder la place à un libéralisme méprisant.

Une anecdote rapportée par Christine Clerc est édifiante [1]. Il y a une dizaine d'années, la journaliste du *Figaro* rencontre Villepin, alors secrétaire général de l'Élysée, à l'issue d'un reportage sur le sort d'ouvrières de Moulinex. De droite mais d'esprit social, elle l'interroge sur le devenir de ces salariées impitoyablement « restructurées ». Villepin lève les bras au ciel. « Les Français, s'exclame-t-il, sont comme des moules accrochées à leur rocher : il est temps qu'ils apprennent à bouger ! Qu'ils fassent comme les Américains : qu'ils aillent vendre, s'il le faut, des pizzas à Central Park ! » En juin 2006, un Villepin passablement irrité utilise la même expression pour s'en prendre aux journalistes qui l'attendent dans la cour de Matignon : « Vous êtes comme des fonctionnaires ! Comme des moules accrochées à leur rocher ! » Agent de l'État de haut rang, le Premier ministre ne risque pas de vendre, un jour, des sandwichs au jardin du Luxembourg...

Son tempérament est plus proche de celui d'un homme de droite traditionnel que de celui de l'audacieux républicain qu'il s'efforce de paraître. Au fond, Villepin est beaucoup plus orléaniste que ne le suggère sa réputation. Son bonapartisme flamboyant est essentiellement à usage extérieur ou symbolique. Si son style a parfois de grandioses accents gaulliens, sa politique est plus classiquement conservatrice.

---

1. Christine Clerc, « La mouette Villepin à son rocher, les ouvrières de Moulinex... et les pizzas de Central Park », www.bigbangblog.net/article.php3?id_article=370, 15 mai 2006.

Villepin peut d'autant moins représenter une alternative à Sarkozy que son propre positionnement est miné par une forte contradiction. Le Premier ministre voudrait incarner la droite bonapartiste alors qu'il est soutenu par la fraction la plus modérée et centriste de l'électorat conservateur. Son profil politique rappelle davantage celui d'Édouard Balladur en 1995 que celui de Chirac. Il est très mal placé pour, comme l'avait fait ce dernier il y a douze ans en se posant en champion de la « fracture sociale », déborder son rival en prenant appui sur les catégories populaires, plutôt séduites par le discours sécuritaire de Sarkozy.

À l'automne 2006, alors que l'hypothèse d'une candidature Villepin est tenue pour improbable, Michèle Alliot-Marie se rappelle au bon souvenir des militants de l'UMP. « De nombreux militants me demandent d'être candidate ou me disent que je suis la seule à pouvoir battre Ségolène Royal[1] », ose déclarer la ministre de la Défense. Son compagnon, le député UMP Patrick Ollier, confie qu'elle « pense » à son éventuelle candidature et la justifie par son originalité face à Sarkozy : « Je fais partie de ceux qui représentent la sensibilité gaulliste au sein de l'UMP. Elle l'incarne incontestablement[2]. » Alliot-Marie ne manque jamais une occasion de se distinguer du chef de l'UMP. Elle se prononce contre la « discrimination positive » qu'il appelle de ses vœux ou critique ses déclarations aux États-Unis. Mais rien n'indique que l'ancienne présidente du RPR dispose de suffisamment d'appuis, dans son parti comme dans l'opinion, pour tenter l'aventure d'une candidature. Elle-même reconnaît qu'elle soutiendra Sarkozy s'il est « le

---

1. « MAM : "Pour de nombreux militants, je suis la seule à pouvoir battre Royal" », propos recueillis par Claire Bommelaer et Guillaume Tabard, *Le Figaro*, 10 octobre 2006.
2. Déclaration à RTL, 26 septembre 2006.

mieux placé pour gagner[1] ». Avant cela, Alliot-Marie devrait jouer le jeu des primaires au sein de l'UMP. Celles-ci auront pour avantage de sanctionner son influence et de prouver que le parti de la droite connaît une démocratie interne.

François Bayrou reste-t-il le seul rival susceptible de gêner Nicolas Sarkozy ? Encore faudrait-il que le président de l'UDF se situe à droite. Or il a engagé sa formation dans la voie d'une rupture tranchée avec l'UMP. Bayrou ne dirige plus une paisible formation de centre droit. L'héritage de Valéry Giscard d'Estaing a peu à peu été perdu de vue. L'UDF a gardé son nom mais s'est progressivement transformée en un petit parti ultracentriste à la seule dévotion de Bayrou. Le têtu député des Pyrénées-Atlantiques en a fait l'instrument docile d'une audacieuse aventure personnelle.

Bayrou a éliminé avec méthode tous ceux qui risquaient de lui faire de l'ombre. Au nom d'un vaste projet d'alliance d'Édouard Balladur à Jacques Delors, il a d'abord affronté Bernard Bosson, chantre d'une démocratie chrétienne à la française. Il a ensuite réglé son compte à l'opportuniste Philippe Douste-Blazy, parti se réfugier dans les jupes de Jacques Chirac. Il cherche aujourd'hui à marginaliser Gilles de Robien, qui a eu l'impudence de mettre en doute sa stratégie furieusement indépendantiste. Bayrou justifie sa conduite autoritaire par les hautes responsabilités qui pèseraient sur sa formation, appelée à sauver un pays au bord de l'apocalypse : « On doit se comporter comme un commando, une équipe soudée[2]. »

Le patron de l'UDF s'est mué en un dangereux extrémiste du centre. Rejetant avec la dernière énergie la bipolarisation

---

1. « MAM : "Pour de nombreux militants, je suis la seule à pouvoir battre Royal" », art. cité.
2. Déclaration à RMC, 19 octobre 2006.

droite-gauche qui structure la Ve République, il a bâti une stratégie du recours à haut risque. Bayrou part du principe que les Français n'en peuvent plus du « système » politique actuel, dominé par l'UMP et le PS. Il prophétise l'avènement de la « rupture » salvatrice et se veut à lui seul une alternative à l'éternel balancier UMP-PS. « Est-ce qu'on regarde ce système au fond des yeux, est-ce qu'on lui enlève sa capacité de nuire, est-ce qu'on brise le monopole à deux [1] ? » s'exclame-t-il. Prenant la parole « au nom du tiers état », Bayrou se prépare aux révolutions qu'il sent poindre : « L'orage gronde et cherche sa foudre [2]. » « Il fait ce que je cherche à faire [3] ! » se serait exclamé Jean-Marie Le Pen en le regardant à la télévision.

La posture protestataire du candidat centriste ne doit pas occulter ses calculs stratégiques. Il rêve d'une alliance entre modérés de la droite et de la gauche dont il serait la clef de voûte. Pour donner crédit à cette vaste recomposition de la vie politique, Bayrou n'hésite pas à prendre exemple sur le général de Gaulle, qui, en 1945 comme en 1958, s'était assuré les concours les plus divers. Une telle stratégie de démolition l'oblige à durcir le ton à l'égard d'une droite dont l'UDF a si longtemps fait partie. Elle l'a même conduit à voter, avec la gauche, la censure du gouvernement Villepin le 16 mai 2006 – ne parvenant toutefois à entraîner dans cette fronde que onze des vingt-sept députés de son parti.

Cette évolution suscite de vives inquiétudes au sein d'une formation centriste qui ne compte pas que des jusqu'au-

---

1. Discours à l'université d'été de l'UDF, La Grande Motte, 2 septembre 2006.
2. François Bayrou, *Au nom du tiers état*, Hachette Littératures, 2006.
3. Charles Jaigu, « Bayrou se décrit en "centriste révolutionnaire" », *Le Figaro*, 11 octobre 2006.

boutistes. Jean-Louis Bourlanges ne dissimule pas « une certaine perplexité ». Le député européen UDF reproche à Bayrou de « nier l'idée même de confrontation entre une majorité et une opposition ». « Du coup, explique-t-il, comme le centre est plus proche de la droite que de la gauche, il est contraint, pour mener à bien son entreprise d'exfiltration, de concentrer ses flèches sur la droite, et de négliger le combat contre la gauche. » Pour Bourlanges, « ce projet n'est ni mobilisateur ni réaliste ». L'émergence d'un « centre indépendant[1] » sur les décombres de la bipolarisation est une chimère. Et les Français, ajoute-t-il, n'ont que faire d'un changement d'architecture politique qui, en lui-même, n'apporte aucune réponse au pays.

L'audace stratégique de Bayrou contraste avec ses timidités programmatiques. Obnubilé par l'idée de déchirer les frontières traditionnelles, le leader centriste ne s'aventure pas à expliciter la politique qu'il souhaiterait voir mener. On chercherait en vain dans ses discours, au demeurant brillants, une doctrine un tant soit peu précise. Bayrou n'essaie pas de redonner corps à la tradition démocrate-chrétienne. La doctrine sociale de l'Église, qui a servi de référence au MRP, puis au Centre démocrate devenu CDS, est assez largement oubliée.

Cet héritage n'a laissé que peu de traces. Jean-Claude Casanova, proche de Bayrou, relève sa « réticence à l'égard du marché, qui vient d'une culture démocrate-chrétienne[2] ». Il arrive même au président de l'UDF de présenter la France comme « un lieu de résistance [au modèle libéral] en Occident[3] ». Mais Bayrou se garde d'abattre ses cartes. Il choisit

---

1. Jean-Louis Bourlanges, interview au *Figaro*, 14 juin 2006.
2. Entretien avec l'auteur, 20 juin 2006.
3. Déclaration à RMC, 19 octobre 2006.

de séduire par le verbe plutôt que de convaincre par l'argumentation. « Il ne faut pas faire des programmes technocratiques, il faut d'abord trouver les mots », explique-t-il devant le congrès de sa formation. Le chef centriste transforme habilement le flou de son discours en courage politique : « Quand le temps de la campagne s'ouvrira, je prends l'engagement que nous refuserons de faire la moindre promesse électorale[1]. » N'ayant que mépris pour toute idée de programme, il préfère vanter les beautés du projet : « Un programme, ce sont des mesures. Un projet, c'est une vision[2]. » Le visionnaire Bayrou est ainsi dispensé des pénibles arbitrages auxquels s'astreignent les candidats ordinaires.

Sarkozy se situe aux antipodes de cette pratique politique. « Un peu de tout ne fait pas un tout », rétorque-t-il à Bayrou. Le chef de l'UMP observe que, pour le dirigeant centriste, « l'époque porte davantage à l'émotion qu'au raisonnement », alors que lui-même « pense à l'inverse que le rôle d'un homme politique consiste à fixer un cap et à en convaincre ses électeurs ». Conclusion cruelle de Sarkozy à l'endroit de Bayrou : « Il m'imagine sans doute décalé, alors que je l'estime fabriqué[3]. »

Dans le futur, ces deux hommes peuvent néanmoins être appelés à travailler ensemble. Michel Barnier, proche de Sarkozy, participait à la dernière université de l'UDF avec le feu vert de son patron. « On ne gagne pas une élection présidentielle si la droite et le centre ne sont pas ensem-

---

1. Discours devant le congrès extraordinaire de l'UDF, Lyon, 29 janvier 2006.
2. Discours en clôture du colloque « Aux racines du mal français », Paris, 20 octobre 2005.
3. Nicolas Sarkozy, *Libre, op. cit.*

ble[1] », confiait-il hors tribune. Dans un premier temps, l'UMP a sagement gelé ses investitures dans les circonscriptions représentées par un député UDF. Sarkozy saura négocier, si nécessaire, le soutien de Bayrou au second tour de l'élection présidentielle contre la survie du groupe parlementaire UDF. C'en serait fini des rêveries indépendantistes du leader centriste. Et Sarkozy aurait encore avalé un rival.

Si aucun dirigeant de droite ne semble en mesure de contester son hégémonie au patron de l'UMP, rien n'assure que celle-ci sera très durable. En cas de défaite à l'élection présidentielle, l'ère sarkozienne serait vite close. Nul rival ne peut aujourd'hui le devancer dans son camp, mais ses adversaires au sein de la droite seront tentés de le faire trébucher. Les chiraquiens conservent une sérieuse capacité de nuisance. Certains ministres confessent déjà, sous le sceau de l'anonymat, leur intention de favoriser Ségolène Royal. Ce ne serait pas la première fois que Chirac jouerait contre son camp au tour décisif d'un scrutin présidentiel. Mais si Sarkozy parvient à décrocher la timbale élyséenne, on voit mal qui pourra survivre, à droite, indépendamment de lui.

---

1. Patrick Roger, « M. Bayrou veut prouver qu'il sera "utile" dans la campagne présidentielle », *Le Monde*, 3 septembre 2006.

CHAPITRE 10

Une gauche droitisée

Le vent de droite qui souffle sur les sociétés occidentales balaie l'ensemble du spectre politique. Il n'épargne pas une gauche de plus en plus imprégnée par les valeurs conservatrices. La puissance de l'idéologie néolibérale est telle que ses adversaires historiques se résignent parfois à la capitulation. Frappante est la dissymétrie entre les deux camps. La droite affiche hautement, et souvent avec arrogance, ses convictions. La gauche, pour sa part, campe timidement sur la défensive. Tout se passe comme si, au fond d'elle-même, elle ne croyait plus à ses vieilles idées d'égalité et de changement social. Consciente d'un rapport de forces plus favorable que jamais au capitalisme, elle se contente de dénoncer les « excès » de la droite.

Les gauches occidentales souffrent d'un profond complexe d'infériorité. Écroulement du communisme et agonie de la social-démocratie les ont laissées orphelines. « Nous vivons dans l'utopie des rêves des autres parce que nous n'en avons pas », observe Neal Lawson. Ce journaliste britannique de gauche rappelle que l'audace idéologique a été à l'origine du renouveau libéral. À l'époque, le théoricien Friedrich von Hayek conjurait ses amis de voir loin : « La principale leçon que les vrais libéraux doivent apprendre du succès des socialistes est leur courage à être utopistes qui leur avait gagné le soutien des intellectuels et, par là même, celui de l'opinion[1]. » La leçon vaut sans doute aujourd'hui pour les « socialistes ». Mais nous n'en sommes pas là. La gauche vit sous l'emprise de l'intimidation idéologique de la droite. Elle s'interdit la moindre audace. Et c'est systématiquement en louchant sur sa droite qu'elle tente maladroitement de se « moderniser ».

La gauche après la droite

Tony Blair est la personnalité emblématique de la droitisation de la gauche. Mais on ne saurait comprendre le blairisme sans examiner le clintonisme, dont il est un des prolongements. Bill Clinton, au cours de sa double présidence (1993-2001), a mené la première tentative moderne de redéfinition « centriste » de la gauche. Sous l'impulsion des « nouveaux démocrates » regroupés dans le Democratic Leadership Council, fondé en 1984, celle-ci s'est profondément transformée. Les démocrates ont cessé d'être le parti des pauvres, des minorités et des syndicats. Ils se sont focalisés sur les fameuses « classes moyennes » et sont devenus de vigoureux partisans de l'ordre et du marché. Prenant acte, à leur manière, de la révolution reaganienne, les New Democrats souhaitaient supprimer le clivage droite-gauche et conduire leur courant vers « une nouvelle philosophie fondée sur les idéaux progressistes, des valeurs partagées et des solutions innovantes et non bureaucratiques fondées sur le marché[2] ».

Clinton est le premier à utiliser la méthode de la « triangulation », qui consiste à retourner contre l'adversaire ses

---

1. Neal Lawson, « Where idealism and pragmatism meet », *The New Statesman*, 19 juin 2006.
2. Democratic Leadership Council, « Who we are », 1er juillet 2006.

thèmes de prédilection. Les nouveaux démocrates reprennent ainsi à leur compte le discours sécuritaire des républicains dans l'espoir de les désarmer. De même se prononcent-ils en faveur de certaines remises en cause de la protection sociale pour échapper à leur réputation de parti de l'assistance. Le clintonisme entérine le bouleversement des équilibres idéologiques et sociaux provoqué par la révolution reaganienne. La triangulation est un froid réalisme. Les démocrates prennent acte de la victoire de leurs adversaires et se décident à jouer sur leur terrain.

Cette stratégie de repli idéologique ne garantit pas le succès. C'est une droite américaine plus dure que jamais qui a reconquis la présidence en 2001. Le Parti démocrate reste pourtant majoritairement fidèle à une orientation de type centriste. La personnalité en tête de la course à l'investiture pour 2008, Hillary Clinton, est résolument New Democrat. Épouse de l'ancien président, elle traîne encore parfois une réputation gauchisante très peu fondée. Hillary a voté en faveur de l'intervention américaine en Irak et l'a longtemps soutenue. Elle « est maintenant en train de se réinventer publiquement comme une pragmatique aux positions médianes », analyse Matt Bai. Hillary Clinton s'efforce ainsi d'apparaître comme « une sorte de calme centriste que les électeurs des classes moyennes blanches pourraient accepter comme première femme à devenir président ». Le journaliste rappelle qu'elle fut « élevée comme une républicaine et une pieuse méthodiste ». Son « conservatisme moral [1] » n'est pas seulement tactique.

La vision du monde d'Hillary Clinton n'est pas fondamentalement opposée à celle de George Bush. Invitée à décrire son Amérique rêvée « en 2020 », « la première

---

1. Matt Bai, « Mrs. Triangulation », *The New York Times*, 2 octobre 2005.

chose » qu'elle promet est d'en faire « un endroit plus sûr », « mieux protégé contre la terreur [1] ». La sénatrice de New York s'imagine que les États-Unis sont devenus « un pays plus riche avec une immense et prospère classe moyenne ». Elle se distingue seulement de la vision républicaine par l'accent mis sur les exigences environnementales ou sur l'opportunité des coalitions diplomatiques.

La doctrine des nouveaux démocrates est révélatrice de leur dérive idéologique. Leur « déclaration de principes et programme politique pour le XXIe siècle » décrit une société américaine devenue « plus diverse, plus riche, mieux éduquée, plus suburbaine, plus connectée, moins politique et plus centriste ». Ils vantent une « troisième voie qui rejette le vieux débat droite-gauche » et croient au « renforcement du rôle que jouent les entrepreneurs civiques, les groupes de volontaires et les institutions religieuses pour traiter les problèmes sociaux de l'Amérique ». « Le gouvernement, proposent-ils, devrait utiliser les forces du choix et de la compétition pour réaliser les objectifs publics. » Il conviendrait de « remplacer les bureaucraties verticales » par « des institutions publiques plus flexibles » permettant aux citoyens et aux communautés de résoudre eux-mêmes leurs problèmes. Les nouveaux démocrates dessinent une variante progressiste de la problématique libérale et compassionnelle vulgarisée par les républicains. Comme Blair, ils souhaitent une mise en compétition des secteurs public et privé, ou encore prônent la généralisation des « partenariats public-privé [2] ».

Les élections de mi-mandat du 7 novembre 2006 ont

---

1. Hillary Rodham Clinton, « America in 2020 », *Democratic Leadership Council Blueprint Magazine*, 21 octobre 2005.
2. Democratic Leadership Council, « The Hyde Park Declaration : a statement of principles and a policy agenda for the 21st century », 1er août 2000.

confirmé la dérive droitière des démocrates, qui ont profité du rejet par les Américains de la politique irakienne de Bush. « Dans leur effort pour reprendre le contrôle de la Chambre des représentants, les démocrates se sont tournés vers des candidats conservateurs et modérés plus proches du profil de leurs districts que de celui de leur parti[1] », observe le *New York Times*. En Caroline du Nord, Heath Shuler est un chrétien évangélique, socialement conservateur, pour qui l'aide aux pauvres relève de la « responsabilité morale » et qui s'oppose à l'avortement. Dans l'Indiana, un autre candidat démocrate, Brad Ellsworth, se vante d'être le grand ami de la National Rifle Association (le lobby des armes à feu). Dans l'Arizona, Gabrielle Giffords s'affiche comme « fiscalement conservatrice ». Ces candidats de l'aile droite démocrate appartiennent au groupe des New Democrats ou à celui de la Blue Dog Coalition. Créée en 1994, celle-ci rassemble une petite quarantaine de représentants démocrates « conservateurs ou modérés ». Le chroniqueur Roger Cohen a lui aussi noté le nombre élevé de candidats démocrates qui « cherchent à dépasser la droite sur la droite[2] ». Il cite notamment le cas de certains d'entre eux dans le Tennessee et l'Ohio qui font campagne pour plus de fermeté en matière d'immigration.

En quoi la conception de la société des nouveaux démocrates reste-t-elle « de gauche » ? Les intéressés balaient avec mépris ce genre d'interrogation. « L'argument définitif en faveur de la troisième voie est que cela marche[3] », lâche Bill Clinton devant une conférence du New Labour en

---

1. Shaila Dewan et Anne E. Kornblut, « In key House races, Democrats run to the right », *The New York Times*, 28 octobre 2006.
2. Roger Cohen, « Hedging their bets, Democrats lean right », *The New York Times*, 21 octobre 2006.
3. Iain Hollingshead, « Whatever happened to the Third Way », *The Guardian*, 29 octobre 2005.

octobre 2002. « Ce qui compte, c'est ce qui marche », martèle Tony Blair devant les députés français le 24 mars 1998, ajoutant : « Une politique économique n'est ni de droite ni de gauche, elle est bonne ou mauvaise. » Les apôtres de la troisième voie parient sur la dépolitisation. À l'occasion, ils affichent de manière provocatrice leurs accointances avec le camp opposé. « Nous sommes tous thatchériens à présent », avoue l'éminence grise du blairisme, Peter Mandelson, dans le *Times* du 10 juin 2002. Le blairisme est un héritage lointain de la révolution thatchérienne.

En Grande-Bretagne aussi, la « nouvelle gauche » s'est glissée dans le sillage du néolibéralisme. Non que le blairisme puisse être sommairement renvoyé « à droite ». « Sa rareté, c'est de tenir un discours de droite tout en menant une politique de gauche, prétend Stefan Collignon, professeur à la London School of Economics. [...] Tout en s'intégrant dans l'idéologie dominante laissée par Margaret Thatcher et John Major, Blair a réalisé de réels progrès sur le front de la réduction des inégalités et du chômage [1]. » Ses partisans soulignent qu'il a instauré un salaire minimal et beaucoup investi, au cours de son dernier mandat, dans les services publics.

La politique blairiste n'en est pas moins révélatrice des limites du « social-libéralisme ». Les inégalités sociales, de l'avis général, se sont singulièrement creusées en Grande-Bretagne. « Les inégalités économiques et sociales subsistent. La mondialisation a creusé les écarts de revenus, accentué les disparités régionales et l'isolement de certaines communautés issues de l'immigration [2] », observe le *Finan-*

---

1. Nathalie Dubois, « Blair, un libéral qui a revalorisé l'État », *Libération*, 8 septembre 2006.

2. Philip Stephens, « Another country : with Blair has come confidence in an embrace of the world », *Financial Times*, 22 septembre 2006.

cial Times. Le chômage a reculé, mais beaucoup de demandeurs d'emploi ont été reclassés comme malades, et le nombre de « travailleurs pauvres » a explosé.

Quant aux services publics, les efforts budgétaires consentis dans les dernières années ont seulement compensé les économies réalisées auparavant. Le devenir du secteur public soumis à la concurrence, souvent en partenariat avec le privé, suscite de vives contestations. « L'État-providence d'hier cède la place à l'État-contrôleur d'aujourd'hui », qui « s'emberlificote toujours plus dans ses processus d'évaluation », écrit le journaliste Philippe Auclair, qui ajoute : « Le libéralisme affiché par le gouvernement se double d'un dirigisme croissant dans les services publics, et [se] traduit par une explosion de la bureaucratie [1]. »

Ce cocktail de libéralisme et d'autoritarisme rappelle, à certains égards, les recettes de la droite néolibérale. L'individualisme, ancré dans la tradition anglo-saxonne, est au cœur de la philosophie blairiste. Il est tempéré par l'insertion de l'individu dans des communautés naturelles. Dès son accession au pouvoir, le chef du New Labour a explicité sa vision du monde : « Ce n'est pas le socialisme de Marx ou du contrôle étatique [...] mais la compréhension que l'individu ne peut donner ce qu'il a de meilleur que dans une communauté décente et forte avec des principes, des objectifs et des valeurs communes [2]. » Ce « socialisme » des valeurs repose sur la discipline morale de l'individu et du groupe. Il n'est plus le fruit d'une justice politiquement construite.

Les Britanniques sont passés des systèmes d'assurance

---

1. Philippe Auclair, *Le Royaume enchanté de Tony Blair*, Fayard, 2006.

2. Patrice de Beer, « Tony Blair veut transformer le Labour en un parti de tout le peuple britannique », *Le Monde*, 6 octobre 1994.

collective, institués après 1945, aux logiques d'assistance individuelle au nom de la « responsabilisation » des bénéficiaires, qu'ils soient malades ou chômeurs. Le blairisme se place sous le signe de l'*empowerment*. En théorie, l'individu y gagne plus de pouvoir dans l'exercice de ses libertés. En pratique, les jeux sociaux favorisés par ce nouvel individualisme avantagent les forts au détriment des faibles. L'exemple de la concurrence entre établissements scolaires est un des plus parlants. En apparence, les parents se voient offrir une nouvelle liberté individuelle. Concrètement, ce sont pourtant les écoles qui choisissent désormais leurs élèves. Un progrès pour les uns, un handicap supplémentaire pour les autres.

L'individualisme blairiste s'accompagne nécessairement de moralisme. Moins la société se soucie de justice sociale et plus chacun doit être contraint par l'ordre moral. Le New Labour s'est distingué par une politique axée sur « la loi et l'ordre » de plus en plus pointilleuse. La lutte contre la petite délinquance s'est engagée dans une spirale incontrôlée. On a vu se multiplier les « ordonnances de comportement antisocial » (Anti-Social Behaviour Order ou ASBO). Blair en est arrivé à suggérer que l'on détecte les futurs délinquants avant leur naissance ! Certaines mères célibataires seraient ainsi contraintes d'accepter une intervention de l'État sans attendre que leur enfant ait vu le jour[1]. « Si nous ne sommes pas prêts à prédire et à intervenir bien plus tôt, alors il y aura des enfants qui grandiront dans des familles que nous savons parfaitement être complètement dysfonctionnelles, et ces gosses, quelques années plus tard, deviendront une menace pour la société et une véritable

---

1. Andrew Grice, « Problem children targeted at birth », *The Independent*, 1er septembre 2006.

menace pour eux-mêmes », a déclaré le Premier Ministre à la BBC.

Le blairisme, observe Philippe Auclair, allie un froid technocratisme à de vibrantes exhortations moralistes. Il « exprime ses aspirations en des termes soit purement mécanicistes ("rentabilité", "efficacité", "déréglementation", etc.), soit empruntés à un ordre moral qu'on imagine d'origine judéo-chrétienne ("cela est juste et bon"), mais qu'on a vidé de sa transcendance [1]. » Blair ne fait pas mystère de sa foi religieuse. Ce mélange entre libéralisme économique et moralisme sociétal rappelle étrangement les recettes de la droite américaine. Il n'est pas étonnant que le Premier Ministre britannique s'entende aussi bien avec le président des États-Unis.

Il entretient également les meilleures relations du monde avec Nicolas Sarkozy. Le candidat de l'UMP ne dissimule pas qu'il a « beaucoup d'amitié et d'admiration pour ce que fait Blair en Grande-Bretagne », comme il l'a déclaré en septembre 2006 à l'issue de la quatrième rencontre en privé en un an avec le chef du New Labour. « Pour Sarkozy, Blair est une référence [2] », confie Gérard Longuet.

Blair est un *winner*. En 2005, le Premier Ministre britannique a réussi à être réélu pour la deuxième fois, exploit sans précédent pour un chef de gouvernement travailliste. En y regardant de plus près, ses performances électorales sont toutefois moins glorieuses. Jamais le parti victorieux n'avait recueilli le soutien d'un aussi faible pourcentage d'électeurs (environ 22 %). Sous l'ère blairiste, le taux de participation électorale est tombé aux alentours de 60 %. Décontenancée par la mutation du Labour, une partie de l'électorat populaire s'est mise en retrait. La victoire des

---

1. Philippe Auclair, *Le Royaume enchanté de Tony Blair*, op. cit.
2. Dépêche AFP, 5 septembre 2006.

travaillistes en 2005 a été très relative : ils n'ont obtenu que 35,3 % des suffrages exprimés. Et ils ont profité stratégiquement de leur positionnement centriste. Leur dérive droitière a déporté les conservateurs vers une droite dure sans issue. Simultanément, le parti de Blair a été doublé, sur sa gauche, par des libéraux-démocrates rendus inoffensifs par le mode de scrutin majoritaire à un tour.

Depuis ces élections, le paysage politique britannique s'est transformé. Sous la houlette du jeune et médiatique David Cameron, le Parti conservateur entame à son tour son glissement vers le centre. Ambitieux, Cameron tente de faire avec son parti ce que Blair a réalisé avec le Labour. Il a reconnu qu'il voulait être le « véritable héritier [1] » du Premier Ministre. Il y a gagné le surnom de « Tory Blair ». Tous ses efforts visent à débarrasser les conservateurs britanniques de leur image caricaturale. Il tente d'attirer dans sa formation des femmes et des membres des minorités ethniques. Les conservateurs cessent de tout miser sur le rejet de l'immigration et la peur de l'insécurité. Ils se lancent parfois dans d'étonnantes professions de foi écologistes. À triangulateur, triangulateur et demi.

Mais le New Labour campe toujours au centre. « Nous avons abandonné le ridicule et volontaire dilemme entre les principes et le pouvoir », souligne Blair en septembre 2006 devant le congrès de son parti. Point besoin de préciser en quel sens cette fâcheuse contradiction a été tranchée. Dans son univers merveilleux, « ambition et compassion » marchent de concert. La vision blairiste abolit comme par miracle toutes les difficultés. Elle permet de célébrer « l'ou-

---

1. Jean-Pierre Langellier, « David Cameron, l'aristocrate des Tories », *Le Monde*, 5 octobre 2006.

verture aux riches possibilités de la globalisation avec la sécurité face à ses menaces[1] ». L'avenir est radieux.

Le successeur présumé de Blair, Gordon Brown, se situe dans son sillage, même s'il a la réputation d'être légèrement plus à gauche. Avec lui, promet le chancelier de l'Échiquier lors du même congrès du Parti travailliste, « le New Labour s'ancrera au centre, dans le courant dominant, comme le parti de la réforme ». Ce jour-là, Brown annonce vouloir faire du Royaume-Uni une « démocratie » de petits propriétaires et d'actionnaires où « le pouvoir, la richesse et les opportunités seraient dans les mains de la majorité ». Il ne se distingue du Premier Ministre que par ses références appuyées à une vague « conscience sociale »...

Le blairisme restera moins dans l'histoire comme une tentative de redéfinition du socialisme démocratique que comme la dérive droitière sans fin d'une gauche privée de repères. « Le blairisme a été phagocyté par l'establishment britannique[2] », regrette Marcel Gauchet. Le philosophe évoque un phénomène de « gentrification » favorisé par la tradition britannique de noblesse ouverte. L'élite du New Labour s'est laissé fasciner par les puissants. « Nous n'avons rien contre les patrons qui s'en mettent plein les poches[3] », a confié Mandelson à un parterre d'hommes d'affaires en 1997. Blair n'avait pas hésité à s'afficher comme témoin au mariage de la fille de José María Aznar, chef du gouvernement espagnol de droite. L'autre témoin s'appelait Silvio Berlusconi !

---

1. Tony Blair, discours devant le congrès du New Labour, Manchester, 26 septembre 2006.
2. Entretien avec l'auteur, 28 juin 2006.
3. Philippe Marlière, « Une bien étrange révolution... », *Le Monde*, 28 septembre 2000.

Dérives européennes

La dérive droitière des gauches n'est pas une spécificité du monde anglo-saxon. Autrefois dominée par un puissant Parti communiste, la gauche italienne vit désormais sous l'hégémonie du centre gauche. Romano Prodi, qui l'a conduite à une courte victoire en avril 2006, est issu de l'aile progressiste de la démocratie chrétienne. Le parti héritier des communistes, rebaptisé Parti des démocrates de gauche, a lui-même glissé vers des thèses très modérées. Son président, Massimo D'Alema, défend sans complexes un projet de société aux antipodes des combats communistes. « Aujourd'hui, nous avons besoin d'un socialisme européen qui défende également certaines valeurs traditionnelles du libéralisme, explique-t-il. Et nous devons admettre que la droite a mieux compris le sentiment d'insécurité de la société face à la globalisation, la remise en question de certains privilèges, la peur du terrorisme, de la criminalité, de l'immigration[1]. » Les milieux économiques ne s'y trompent pas. « D'Alema est un vrai libéral[2] », s'exclame Guido Rossi, organisateur de la privatisation des télécommunications italiennes et ancien commissaire européen. Lors de la campagne électorale de 2006, le grand patronat n'a pas caché ses préférences pour la coalition l'Unione, emmenée par Prodi face à un Berlusconi dangereusement agité.

En Espagne, la gauche au pouvoir est également d'inspiration plutôt libérale. Chef du gouvernement depuis avril 2004, José Luis Rodríguez Zapatero fut le leader d'un courant rénovateur au sein du PSOE. Regroupés dès le prin-

---

1. Jean-Michel Demetz, « Le spleen des gauches », *L'Express*, 26 septembre 2002.

2. Aldo Cazzullo, « Rossi : dico D'Alema, è un vero liberale », *Il Corriere della Sera*, 7 mai 2006.

temps 2000 sous l'étiquette Nueva Via, ses partisans n'avaient pas seulement l'ambition de préparer la « relève des générations ». Ils étaient aussi porteurs d'une identité politique proche de la « troisième voie ». Nueva Via prône un « socialisme moderne, libéral non au sens thatchérien, mais d'ouverture, adapté à la globalisation mais qui introduit éthique et participation citoyenne en politique et avec un fort credo européen[1] », explique le député socialiste Jordi Sevilla.

Ces idées ne sont pas restées lettre morte. La politique menée par le gouvernement Zapatero met largement en pratique cette orientation. Les audaces sociétales – reconnaissance du mariage homosexuel, régularisation massive des immigrés clandestins – compensent une politique économique et sociale d'inspiration très libérale.

En Allemagne, c'est sous la direction de Gerhard Schröder que le SPD a opéré son virage à droite. À la fin des années quatre-vingt-dix, il mène ce grand parti social-démocrate vers un « nouveau centre » proche de la « troisième voie ». Le manifeste signé par Blair et Schröder en juin 1999 célébrant la flexibilité et l'adaptabilité confirme cette parenté. Le dirigeant allemand définit son nouveau centre dans un langage aussi confus que révélateur : « Une ouverture vers l'extérieur, à l'innovation, aux idées nouvelles, aux cultures différentes. Mais aussi vers l'intérieur, d'une volonté politique selon laquelle les barrières et les frontières idéologiques ou sociales peuvent ou, parfois même, doivent être surmontées[2]. »

Devenu chef du gouvernement en 1998, le « camarade

---

1. Marie-Claude Decamps, « Leader paradoxal du PSOE, M. Zapatero a réussi à contourner les barons historiques du parti », *Le Monde*, 19 mars 2004.
2. Jean-Michel Demetz, « Le spleen des gauches », art. cité.

des patrons » conduit une politique qui prend de singulières libertés avec les valeurs traditionnelles de la gauche. Oskar Lafontaine, le ministre des Finances aux fidélités keynésiennes trop prononcées, ne reste que six mois à son poste. Le gouvernement Schröder n'en est que plus libre pour multiplier les mesures libérales : réforme du système des retraites avec création de fonds de pension, mise en place de l'assurance-maladie « responsabilisée », etc. La plus brutale, et celle qui a provoqué le plus de remous, fut le plan baptisé « Hartz IV » remettant en cause l'indemnisation des chômeurs de longue durée.

La sanction de l'électorat a été au rendez-vous. En novembre 2005, la gauche allemande perd les élections et recule très fortement dans les catégories populaires. Les enquêtes réalisées à la sortie des bureaux de vote montrent une forte chute de l'influence du SPD chez les ouvriers et les chômeurs au profit du nouveau Parti de gauche. La peur inspirée par la campagne ultralibérale des chrétiens-démocrates a toutefois permis aux sociaux-démocrates de limiter les dégâts. Angela Merkel avait proposé l'instauration d'une tranche unique d'imposition, ou encore la liberté de licenciement dans les entreprises de moins de vingt salariés.

Sa courte victoire électorale a obligé la CDU à former une « grande coalition » avec le SPD. Les sociaux-démocrates officialisent, d'une nouvelle manière, leur orientation centriste et sont contraints d'avaler des mesures, comme la hausse de la TVA, qu'ils avaient combattues pendant la campagne. La politique menée par Merkel est jugée trop libérale par des voix qui s'élèvent au sein même de la CDU. Cela n'empêche pas certains sociaux-démocrates d'aller toujours plus loin vers la droite. Le ministre des Finances Peer Steinbrück (SPD) conjure ainsi les Allemands de se préparer aux plus grands sacrifices pour financer leurs retraites et leur santé. « Cela signifie que, dans le doute, nous devrons renoncer aux départs en vacances, afin d'épargner pour plus tard », ose-t-il déclarer, en août 2006, au magazine *Hörzu*. Plus de cinq cents membres du SPD ont rendu leur carte après ces propos provocateurs...

Ségolisme et social-libéralisme

Les socialistes français se sont longtemps distingués de leurs homologues européens par une résistance, au moins verbale, au dextrisme ambiant. La gauche hexagonale a opéré dans la pratique une conversion aux canons du libéralisme au cours des années quatre-vingt. Mais elle a obstinément refusé de théoriser ce virage politique. Les dirigeants du PS sont objectivement devenus des socialistes croyants mais non pratiquants. Ce grand écart est-il sur le point de se résorber ?

Lionel Jospin avait déjà timidement essayé de le combler. Il avait osé déclarer, pendant la campagne présidentielle de 2002, que son programme n'était « pas socialiste ». Mais le propos avait fait scandale et cette expression fut, à plusieurs reprises, retenue contre lui. Le blairiste Mandelson, de son côté, s'était vanté d'avoir suggéré au Premier Ministre de délester son programme de toute référence à la doctrine socialiste [1].

À l'automne 2006, Ségolène Royal s'est payé le luxe d'affirmer que son programme à elle serait « socialiste ». Sa candidature exprime pourtant parfaitement le mouvement de

---

1. Philippe Marlière, « Les contradictions et dérapages d'Anthony Giddens », *Le Monde*, 11 mai 2002.

droitisation idéologique qui emporte dorénavant les socialistes français. C'est en pilonnant un certain nombre de « tabous » de la gauche que Royal a réussi à installer sa popularité puis à s'emparer de l'investiture socialiste. Elle a triomphé là où Michel Rocard avait échoué dans les années soixante-dix : grâce à une stratégie de contournement du parti par l'opinion. Jusqu'à présent, l'idée dominante – que Laurent Fabius a eu le tort de continuer à croire juste – était que le PS devait être conquis « à gauche ». Ce n'est plus vrai en ces temps de dérive droitière généralisée. C'est aujourd'hui la personnalité positionnée au centre, créditée par les sondages des meilleures chances de battre le candidat de la droite, qui s'attire les ferveurs militantes. En prônant la fermeté face aux jeunes délinquants ou encore l'assouplissement de la carte scolaire, Royal a multiplié les clins d'œil à l'électorat modéré. Ces manifestations d'indépendance par rapport au dogme socialiste lui ont valu une enviable réputation de « rénovatrice ». La popularité de « Ségolène » est révélatrice de la pénétration de valeurs droitières dans l'électorat de gauche.

Frappantes sont les ressemblances entre Ségolène Royal et les héros de la « rénovation » du socialisme européen. Fille de militaire élevée dans le catholicisme, elle affiche un moralisme à connotation religieuse qui fait écho à celui de Tony Blair. Royal n'est pas insensible à certaines thèses libérales chères au Premier Ministre britannique. « Il faut donner davantage de libertés, affirme-t-elle le 21 novembre 2005 dans un débat à l'institut Montaigne. En effet, il faut mettre fin à un certain nombre d'archaïsmes en matière de réglementations. » Royal salue la « politique courageuse » de Blair, qui a permis de « réduire le chômage chez les jeunes et les plus de 50 ans parce qu'il a dit aussi aux entreprises : "Faites confiance aux jeunes, payez-les correctement, reconnaissez la valeur de leur diplôme, donnez-leur des responsabilités"[1] ».

Quelques semaines plus tard, elle confirme ses penchants blairistes dans les colonnes du *Financial Times* : « Je pense que Tony Blair a été caricaturé en France. Cela ne me gêne pas de revendiquer mon accord avec certaines de ses idées. » Et de préciser : « Il a réinvesti dans les services publics. Sur l'emploi des jeunes, il a eu un réel succès en usant de plus de flexibilité mais aussi de plus de sécurité. » Avec ce message : « Nous ne devons être bloqués sur aucun sujet – comme les 35 heures, par exemple[2]. » Royal excelle dans l'art de la polysémie. Initialement, sa critique des 35 heures était marquée « à gauche ». Elle leur reprochait d'avoir amputé le pouvoir d'achat et détérioré les conditions de travail des salariés les plus modestes. Mais elle a su aussi faire entendre une petite musique fort différente : beaucoup ont cru comprendre qu'elle s'en prenait aux 35 heures elles-mêmes et aux rigidités qu'elles avaient entraînées. Royal joue savamment de ces ambiguïtés qui assurent sa popularité.

La candidate socialiste a assis son succès sur cette image de rénovatrice. « Le socialisme, ce n'est pas une momie enveloppée de bandelettes doctrinales », déclare-t-elle, le 29 septembre 2006, à Vitrolles en annonçant sa candidature à l'investiture socialiste. L'attaque contre la tradition idéologique, vue comme un boulet, est un classique chez les partisans de la « troisième voie ». Surnommée « la Zapatera », Royal a plus d'un point commun avec le Premier ministre espagnol. À l'issue d'une rencontre, en sep-

---

1. Didier Hassoux, « Au sein de la fabrique Ségolène Royal », *Libération*, 19 avril 2006.
2. Martin Arnold, « Royal the favourite to reign over left in French politics », *The Financial Times*, 2 février 2006.

tembre 2006, elle s'est explicitement comparée à lui, rappelant que Zapatero « au départ n'était pas forcément le favori » au sein du PSOE, et qu'il était considéré comme « trop jeune, inexpérimenté ou sans stature ». « Il m'a encouragée à agir comme lui », a-t-elle précisé en parlant d'un « modèle espagnol » de socialisme.

Ségolène Royal dessine en pointillé les contours d'un socialisme libéral avancé. L'État garde sans doute un rôle protecteur, mais il n'est plus le chef d'orchestre. La candidate du PS célèbre la « décentralisation jusqu'au bout ». L'État devrait se contenter d'assurer « la péréquation entre les territoires ». Économiquement, s'il lui arrive de vouloir « effrayer les capitalistes [1] », elle répète plus souvent son souhait de réconcilier les Français et les entreprises. Pragmatique, Royal sait aussi composer sur les questions de société. Elle a longtemps été hostile au mariage homosexuel. Refusant de faire « dans le coup », elle proclame en février 2006 que « la famille, c'est un père et une mère [2] ». Quatre mois plus tard, elle a changé d'avis. Dans une interview au magazine *Têtu*, elle se prononce en faveur du mariage et même de l'adoption pour les homosexuels : « On peut franchir le pas de la reconnaissance de l'homoparentalité sur la base de la qualité du projet familial [3]. »

Avec Royal, vit-on les dernières heures de l'« exception française » en matière de socialisme ? Dans les années quatre-vingt, la candidate et son compagnon François Hollande appartenaient à un petit groupe courageusement droitier portant l'étiquette « transcourants ». Ils avaient l'ambition de délester le PS de ses lourdeurs doctrinales

---

1. Charles Bremner, « I'm not a Blair. I'm a real socialist, says Royal », *The Times*, 13 octobre 2006.
2. Interview au *Parisien*, 23 février 2006.
3. Interview à *Têtu*, juillet-août 2006.

pour le mettre à l'heure du socialisme libéral. À l'époque, ces militants marginaux soutenaient Jacques Delors, qui rêvait de ressusciter une troisième force par l'alliance des modérés de droite et de gauche. En 1995, l'ancien président de la Commission européenne n'a pas osé se jeter dans l'arène électorale. « À beaucoup d'égards, la candidate possible du Parti socialiste retrouve le positionnement qui aurait été celui de M. Delors[1] » à cette époque, observe Jérôme Jaffré.

Les militants socialistes qui ont investi Ségolène Royal par pur opportunisme risquent d'éprouver quelques déconvenues. L'universitaire Philippe Marlière les avait avertis qu'ils auraient été « bien avisés d'étudier de près le cas travailliste ». Tony Blair avait été investi par le Labour en 1994 parce que les sondages le plébiscitaient. Les dirigeants travaillistes, rappelle-t-il, se persuadèrent qu'« une fois élu le "droitier Tony" se soumettrait au parti et mènerait une politique sociale-démocrate[2] ». On connaît la suite. Blair vantait, lui aussi, les mérites de la « démocratie participative »... Royal « marque la fin des idéologies socialistes traditionnelles, mais je ne vois pas ce qui, dans ses discours, contredit les dogmes libéraux[3] », souligne Emmanuel Todd. Tout l'art de la « troisième voie » se résume à cela : conforter l'idéologie dominante au nom d'un prétendu pragmatisme.

La droitisation des gauches occidentales n'implique nullement la disparition du vieux clivage droite-gauche. La dérive des continents idéologiques laisse chacun à sa place

1. Jérôme Jaffré, « Ce que Ségolène Royal nous apprend », *Le Monde*, 1er mars 2006.
2. Philippe Marlière, « Le cas travailliste, à méditer », *Le Monde*, 10 octobre 2006.
3. Eric Aeschimann, « Trois projets pour un fauteuil », *Libération*, 4 octobre 2006.

relative. Aux États-Unis comme en Europe, la droite campe sur des positions dures tandis que la gauche louche vers le centre. Cela induit de réelles différences. Démocrates et républicains ne portent pas le même projet outre-Atlantique. Au-delà de leurs ressemblances, Royal et Sarkozy se distinguent par des discours et des soutiens contrastés. Mais, ici comme ailleurs, la gauche inscrit son action dans le cadre mental de l'adversaire. Sa capitulation idéologique, plus ou moins inconsciente, la place inévitablement en situation de faiblesse.

La réaction de demain

L'histoire n'a pas terminé sa course avec une droite en apothéose. Celle-ci a capturé un imaginaire progressiste plutôt mal en point. Le philosophe Pierre-André Taguieff a brillamment disséqué l'épuisement du mythe du « progrès ». Avec l'écroulement de l'utopie révolutionnaire et la conversion de la gauche à un pessimisme teinté de fatalisme, ce concept tend désormais à être monopolisé par la « nouvelle pensée libérale ». On ne s'étonnera pas, note Taguieff, que la foi progressiste résiste mieux dans les milieux économiques que dans le monde culturel. L'idée de progrès a perdu de ses vertus galvanisantes. Sa traduction contemporaine n'est plus associée à un avenir radieux dont le peuple militant serait chargé de hâter l'avènement. Elle ressortit plutôt à l'implacable destin promis par la modernité techno-scientifique. L'ancien progressisme de gauche avait l'ambition de mettre le progrès matériel au service de l'émancipation sociale. Le nouveau progressisme de droite annonce, à l'inverse, un remodelage de la société guidé par la formidable expansion du capitalisme. « La doctrine du progrès est à l'image du monde moderne, de son économisme, du principe capitaliste qui le régit, selon le modèle de l'accumulation indéfinie du capital [1] », souligne Taguieff.

---

1. Pierre-André Taguieff, *Le Sens du progrès. Une approche historique et philosophique*, Flammarion, 2004.

Contrairement aux prophéties marxistes, le capitalisme n'a pas cessé d'être progressiste, réussissant à surmonter ses crises et à déplacer ses contradictions.

La gauche est ainsi prise au piège. Son optimisme historique est cruellement démenti par le cours des événements. Elle peut d'autant moins s'opposer efficacement à l'hypercapitalisme qu'elle partage secrètement les présupposés philosophiques sur lesquels il s'appuie. « Le néolibéralisme est l'enfant naturel de la pensée moderne, rappelle l'économiste socialiste Jacques Généreux. Le libéralisme, le socialisme, le marxisme, le néolibéralisme dessinent pour l'essentiel une vision commune du progrès et de la société idéale : une société d'abondance où sont abolies les sources de conflit entre les hommes [1]. » La gauche s'accorde théoriquement, beaucoup plus qu'elle ne le croit, avec la droite. Voilà pourquoi, au-delà des facilités opportunistes, les gauches occidentales sont si facilement converties aux nouvelles règles du jeu économique. Au nom de la « modernisation », dernier avatar de l'idéologie du progrès, néolibéraux et néosocialistes convergent vers un « nouveau centre » qui somme la société de s'adapter à l'économie.

Cette commune dévotion à la cause du « développement des forces productives » ne saurait masquer les faiblesses du progressisme contemporain. L'utopie néolibérale butera inexorablement sur les limites physiques d'un mode de développement impossible à généraliser à la terre entière. « L'humanité a atteint le bout ultime de la voie progressiste qu'elle a empruntée au début de la modernité », estime le journaliste Jean-Paul Besset. À moins de se résoudre à la césure du genre humain en deux catégories de plus en plus éloignées l'une de l'autre : une minorité opulente et une masse maintenue dans la pauvreté. Ou encore de basculer

---

1. Jacques Généreux, *La Dissociété*, *op. cit.*

hardiment dans la posthumanité d'ores et déjà vantée par certains esprits enfiévrés. L'humanité serait alors contrainte, comme l'écrit Besset, d'« abandonner son milieu naturel au profit d'un grand tout artificiel et [de] "technifier" la personne humaine afin qu'elle s'y refasse l'âme[1] ». La vérité ultime du progressisme moderne conduit tout droit aux fantasmes d'une biotechnologie promettant l'immortalité et la fin des souffrances à une élite de nantis.

À plus court terme, le progressisme libéral est justifiable d'un autre angle d'attaque. Il mine paradoxalement les valeurs traditionnelles que la droite prétend défendre. En France comme aux États-Unis, celle-ci se pose en championne du travail, de la famille ou de la patrie. La modernité capitaliste s'emploie pourtant à détruire, ou du moins à affaiblir, ces repères. Le néolibéralisme dévalorise le travail par son obsession de la compression de la masse salariale et sa conception étroitement utilitariste des relations sociales. L'individualisme outrancier qu'il stimule affaiblit les solidarités familiales. Le mondialisme effréné dont il tire sa dynamique pulvérise les cadres nationaux. On touche ici une contradiction majeure inhérente aux discours de campagne de Nicolas Sarkozy. Il célèbre le mérite dans une société d'insolents privilèges. Il vante le travail dans un monde qui avantage outrageusement le capital. Il redécouvre la nation à l'ère de la dictature de la compétitivité internationale. Et il fait la morale alors que tant de dirigeants – lui le premier – pratiquent un cynisme à ciel ouvert. Étonnantes manipulations symboliques qui pourraient bien ne pas être éternellement efficaces.

---

1. Jean-Paul Besset, *Comment ne plus être progressiste... sans devenir réactionnaire*, Fayard, 2005.

Fatigue libérale

L'étoile du libéralisme semble d'ailleurs pâlir quelque peu. La France risque à nouveau de connaître une évolution contracyclique par rapport au reste du monde occidental. Au début des années quatre-vingt, elle s'était engagée dans l'« expérience socialiste » au moment où la révolution conservatrice faisait rage. Aujourd'hui, elle est tentée de prendre un virage « libéral » alors que cette idéologie n'est plus aussi triomphante qu'il y a quelques années. De nombreux observateurs estiment que le monde occidental vit la fin du cycle libéral ouvert dans les dernières décennies du XXᵉ siècle.

L'orthodoxie libérale recule face à une demande d'État alimentée par les troubles de la mondialisation et par l'insécurité économique environnante. Sarkozy en tient significativement compte. « Je ne suis pas venu vous dire que l'État n'a pas d'autre avenir que de s'occuper de la police, de la justice, de la diplomatie et de la défense, en regardant passivement le marché s'occuper de tout le reste », s'exclame-t-il. Et d'expliquer que « la mondialisation exige un État fort ». « Je ne peux accepter que tant d'hommes soient broyés par la logique économique ou laissés pour compte parce qu'ils ne correspondent plus aux critères de performance du marché [1] », proclame encore, avec des accents qu'on ne lui connaissait pas, le candidat de l'UMP. L'électoralisme du propos saute aux yeux, d'autant que ce genre de phrases n'engage à rien. Mais un tel discours est révélateur de la fragilité de l'idéologie libérale, qui ne peut sans risque s'afficher ouvertement.

Les libéraux pur jus s'inquiètent de ce nouveau climat. Alain Madelin déplore, au sujet du rapprochement Suez-

---

1. Discours à Saint-Étienne, 9 novembre 2006.

Gaz de France, un « grand retour de l'État dans la vie des entreprises[1] ». L'ancien chef de file des libéraux français s'alarme encore de l'inflexion du discours sarkozien. Madelin n'a pas du tout apprécié que le candidat de la droite suggère que certains droits sociaux, comme le droit à l'hébergement, à la garde des enfants ou à la prise en charge de la dépendance des personnes âgées, soient soumis à une « obligation de résultat[2] » de la part de la puissance publique. « Il y a un vrai danger à transformer les droits sociaux proclamés, qui jusqu'à présent dans notre ordre juridique ont été considérés comme des devoirs pour l'État, en droits-créances effectifs des citoyens opposables devant les tribunaux[3] », met-il en garde. Les tensions internationales contribuent, par ailleurs, à un certain retour du volontarisme politique. Face au terrorisme et aux déséquilibres planétaires de tout ordre, le rôle des États est réévalué à la hausse.

La perte de prestige du libéralisme se traduit aussi par la multiplication des critiques formulées à l'encontre du fonctionnement réel du capitalisme d'aujourd'hui. En France, toute une série d'ouvrages, écrits par des personnalités peu suspectes de manifester une hostilité de principe au système économique, en pointent les dysfonctionnements[4]. Les exigences délirantes de rentabilité à court terme sont de plus en plus vigoureusement dénoncées. La financiarisation croissante de l'économie et le manque de régulation du

---

1. Alain Madelin, « Le grand retour de l'État dans l'économie », *La Lettre des libéraux*, 3 mars 2006.

2. Discours à Périgueux, 12 octobre 2006.

3. Alain Madelin, « Confusion », *La Lettre des libéraux*, 20 octobre 2006.

4. Citons notamment : Claude Bébéar (avec Philippe Manière), *Ils vont tuer le capitalisme*, Plon, 2003 ; Patrick Artus et Marie-Paule Virard, *Le capitalisme est en train de s'autodétruire*, La Découverte, 2005 ; Jean Peyrelevade, *Le Capitalisme total*, Seuil, 2005 ; Jean-Luc Gréau, *L'Avenir du capitalisme*, Gallimard, 2005.

système sont sévèrement mis en cause. Plus rarement, le dogme libre-échangiste est questionné. L'idéologie néolibérale révèle ses fêlures. Le contraste entre les valeurs qu'elle proclame et ses résultats effectifs nourrit des contestations d'orientations diverses. Sa grande force réside toutefois dans l'absence d'une alternative théorique cohérente et crédible.

En France, la faiblesse du libéralisme relève enfin de l'exception nationale. Cette tradition idéologique reste particulièrement impopulaire, et pas uniquement à gauche. Ce pays est sans doute celui qui a le mieux résisté à la révolution conservatrice des décennies antérieures. Une singularité qui alimente la haine de soi d'une fraction des élites françaises, promptes à dénigrer leur pays, coupable de « retard » dans l'adoption des normes sociales et économiques internationales. Sarkozy s'est amplement fait l'écho de cette réaction au cours de sa précampagne, appelant de ses vœux une « rupture » salvatrice avec un « modèle social français » impitoyablement brocardé.

Toutefois, le candidat de la droite a ensuite été contraint de tenir compte des spécificités nationales. La culture égalitaire demeure vivace en France. Une majorité de personnes interrogées déclarent préférer l'« égalité » (52 %) à la « liberté » (48 %)[1]. L'adhésion des Français à l'économie de marché reste fragile. Une enquête internationale menée dans vingt pays a révélé que la France était celui où l'opinion selon laquelle « la libre entreprise et le libre marché est le meilleur système sur lequel baser le futur du monde » était

---

1. Le Baromètre politique français 2006-2007 se déroule en quatre vagues de sondages, de mars 2006 à l'hiver 2007, réalisés par l'IFOP. Ses données sont produites par le CEVIPOF avec le soutien du ministère de l'Intérieur et de l'Aménagement du territoire. Elles seront déposées et disponibles auprès du Centre de données sociopolitiques de Sciences Po.

la moins répandue : seulement 36 % des Français la partagent, contre 71 % des Américains, 65 % des Allemands, 59 % des Italiens et même 43 % des Russes ou encore 42 % des Argentins [1]. La puissante mobilisation qui, au printemps 2006, a contraint le gouvernement à retirer son projet de « contrat première embauche » a prouvé, si besoin était, l'hostilité de la population aux recettes libérales. L'inflexion du discours sarkozien est destinée à répondre à ces équilibres idéologiques. On ne peut pas être majoritaire, en France, sur une ligne purement libérale. Il faut y ajouter une petite musique plus « nationale » ou « sociale ».

Facteurs de droitisation

Le reflux de la vague libérale n'annonce pas forcément la fin du processus de droitisation des sociétés occidentales. Le « néolibéralisme », qui prend d'ailleurs quelques libertés par rapport au libéralisme traditionnel, peut se perpétuer sous une forme plus autoritaire et interventionniste. Le « dextrisme » ne succombera pas automatiquement aux dérèglements avérés d'un capitalisme engagé dans une vertigineuse fuite en avant. Il est porté par toute une série de tendances lourdes à l'œuvre dans les sociétés riches.

L'hyperindividualisme est vraisemblablement le moteur de droitisme le plus puissant. Plus la société est émiettée, plus l'individu se considère illusoirement comme un atome libre agissant au gré de ses intérêts personnels, et plus la culture de droite s'imprime dans les esprits. En affaissant les solidarités de groupe, la crise des identités collectives

---

1. Enquête GlobScan-Pipa réalisée dans vingt pays : http://www.globescan.com/news_archives/pipa_market.html.

est génératrice d'une droitisation des comportements[1]. La perte de substance du cadre national ou des collectifs de travail pousse aux repliements communautaires et corporatistes qui font la part belle aux réactions égoïstes et conservatrices. La sacralisation de la « liberté individuelle » est au cœur de l'idéologie de droite. Ce n'est pas un hasard si l'UMP a mis la notion de « choix » personnel au centre de son projet présidentiel.

L'extension du champ du marché à toutes les sphères de la vie sociale renforce les représentations néolibérales du monde. Chacun est invité à devenir l'entrepreneur de sa propre existence en maximisant ses profits personnels. La machine économique est stimulée par un consumérisme exubérant qui frappe d'obsolescence tout projet collectif. Les relations humaines sont parasitées par un utilitarisme étroit qui fait le lit d'un cynisme désagrégateur des solidarités[2]. Dans ce monde désenchanté et régenté par la froide logique des petits calculs et des grands intérêts, le pessimisme social caractéristique de la culture de droite domine.

La concurrence généralisée – hommes et territoires entraînés dans une folle course à la compétitivité – dégénère en guerre de tous contre tous. Le voisin devient l'ennemi et la peur de l'autre se répand. L'insécurité des conditions sociales avive la méfiance et l'anxiété. Elle provoque des réactions de défense où l'obsession de l'entre-soi élimine ce qui reste de mixité sociale. Ce mélange de craintes et de réflexes défensifs favorise tendanciellement une droite experte dans l'art de manipuler les peurs.

La mondialisation occupe une place de choix dans les facteurs lourds de la droitisation. Elle pèse dans le rapport

---

1. Éric Dupin, *L'Hystérie identitaire*, Le Cherche-Midi, 2004.
2. Éric Dupin, *Une société de chiens. Petit voyage dans le cynisme ambiant*, Seuil, 2006.

de forces très déséquilibré entre le capital et le travail. La mise en concurrence planétaire des salariés les soumet à un chantage d'une efficacité inouïe. La pression migratoire, qui ressortit elle-même à des stratégies individuelles pour échapper à la misère, sert le capital d'une autre manière. Elle contribue à comprimer les rémunérations et introduit de nouvelles divisions culturelles au sein du prolétariat des pays riches. Celui-ci est de plus en plus composé de travailleurs d'origine immigrée. L'ethnicisation des rapports sociaux qui en découle ne facilite pas l'exercice de la solidarité sociale. On le voit aux États-Unis, où les Blancs sont peu disposés à aider des pauvres en majorité noirs.

La mondialisation dessine encore un monde où la division sociale du travail prend une dimension géographique caricaturale. L'application du vieux principe des avantages comparatifs conduit à une situation où le travail manuel et le travail intellectuel sont parfois séparés par des milliers de kilomètres. Les têtes du Nord, américaines ou européennes, dirigent les bras du Sud. La matière grise n'est plus en contact avec la sueur. Producteurs et concepteurs vivent de plus en plus dans des univers différents. À la fois sociales et spatiales, ces distances sont génératrices de myopie et d'égoïsme. L'indifférence aux conditions d'autrui l'emporte sur l'empathie et le minimum de solidarité. Majoritairement riches et âgées, les populations des pays occidentaux auront toutes les raisons d'être séduites par les conceptions conservatrices. Qui plus est, la dynamique mondialiste ronge les espaces d'entraide nationaux. Elle offre un excellent argument à ceux qui se refusent à corriger des inégalités sociales assimilées de façon croissante à un ordre naturel.

La dévitalisation des espaces nationaux et l'affaiblissement des identités collectives produisent de la dépolitisation. Une tendance elle aussi favorable à la droite. Celle-ci peut plus aisément que la gauche se passer d'un espace public et vivant de délibération. Le repli sur la vie privée et la transformation du citoyen en un consommateur passif de politiques publiques participent de la droitisation. Le nouveau militantisme s'attache moins à changer la société qu'à défendre des intérêts sectoriels menacés par tel ou tel projet d'aménagement. L'Europe connaît à son tour, après les États-Unis, le phénomène « nimby » : *Not In My Backyard* (« Pas dans mon jardin »). Corrélativement, la vie politique se mue progressivement en un spectacle superficiel aux scénarios préfabriqués et aux héros « pipolisés ». Faisant la part belle aux images et aux apparences, le phénomène Royal est symptomatique des progrès de la dépolitisation de la gauche.

Dernière raison, mais non la moindre, des avancées de la droitisation : la faillite des gauches occidentales. Le déséquilibre du champ politique tient pour beaucoup à leur incapacité à s'opposer aux dynamiques libérales ou conservatrices. L'implosion du communisme a privé la social-démocratie de la position centrale qui l'autorisait à négocier des accords avec le capitalisme. Le torrent de la mondialisation financière a détruit les bases du compromis social-démocrate. Les « nouvelles gauches » de ce début de millénaire sont nues, ou presque. Elles ne disposent plus de bases sociologiques ni de fondements idéologiques solides. Ballottées par des vents contraires, ces gauches en déshérence tentent de survivre en se glissant à l'intérieur du cadre néolibéral. Elles cherchent timidement à limiter, à la marge, les dégâts sociaux provoqués par l'hypercapitalisme. Dans un processus interactif, leur droitisation accentue celle des pays auxquels elles appartiennent. Et ce n'est pas l'extrême gauche, par définition minoritaire, qui pourra enrayer ces évolutions.

Bataille culturelle

L'histoire n'est toutefois pas écrite d'avance. La période de droitisation de nos sociétés n'a aucune raison d'être éternelle. Hâter sa fin suppose néanmoins de s'engager dans un combat de long terme. Un nouveau cycle idéologique ne s'ouvrira qu'au prix d'une bataille politique de portée culturelle, pour ne pas dire philosophique. Tant que les gauches se situeront mentalement, consciemment ou non, dans le cadre de leurs adversaires, elles seront vouées à l'échec ou à l'impuissance. La solution n'est pas de renouer avec les vieilles orthodoxies marxistes ou d'embrasser les nouvelles modes gauchistes qui recyclent les utopies mortes du XXe siècle. Combattre efficacement le dextrisme implique de dépasser l'habituelle critique économique et sociale du capitalisme. Inutile d'attendre que ce système succombe à ses propres contradictions ou que ses injustices provoquent une salutaire révolte. Ce sont les fondements culturels du capitalisme contemporain, sa conception de la société et de l'homme, qu'il s'agit d'interroger. Certains travaux nous y invitent.

L'économiste Christian Arnsperger met en relation la consommation boulimique, doublée du désir maladif d'accumuler les richesses, avec l'exploitation par le capitalisme de l'angoisse propre à la condition humaine. Il explique que « l'économie du désir », par un pervers mais efficace détournement de sens, « fait jouer aux moyens matériels le rôle de moyens spirituels [1] ». De manière convergente, le philosophe François Flahault souligne que le capitalisme détourne à son profit l'illusion occidentale d'un individu supposé exister par lui-même, en rapport avec les choses

---

1. Christian Arnsperger, *Critique de l'existence capitaliste*, Éditions du Cerf, 2005.

225

plus qu'avec les autres [1]. Le système économique en profite pour attribuer à l'économie un rôle bien différent de celui qui devrait être le sien : satisfaire des désirs existentiels plus que des besoins objectifs.

Débarrassée de la vulgate marxiste, une critique efficace du capitalisme passe par la remise en cause des représentations dominantes de l'homme et de la société. Jacques Généreux pointe l'enjeu stratégique d'une réfutation de la thèse de « l'homme loup pour l'homme », sur laquelle se fondent implicitement les libéraux. Il souligne que l'humanité est tout autant portée à la coopération qu'à la compétition [2]. L'hypertrophie de celle-ci au détriment de celle-là est à l'origine des déséquilibres du capitalisme contemporain. Ces analyses rejoignent des travaux scientifiques récents. Dans une étude stimulante, le primatologue Frans de Waal présente l'homme comme un « singe bipolaire », à la fois violent et doux, enclin à l'agressivité mais aussi à l'empathie. Il conteste la conception dont se nourrit le paradigme libéral d'une société composée d'« individus purement égoïstes et mesquins, à la morale illusoire », et reproche à l'Occident d'avoir indûment présenté « notre côté compétitif comme plus authentique que notre côté social [3] ».

Une bataille culturelle de longue haleine fera peut-être reculer les tropismes droitiers aujourd'hui dominants. Une nouvelle manière de penser la société renverrait la droite du côté de la réaction en prenant appui sur des aspirations fortes mais pour le moment souterraines. Des minorités d'origines diverses prennent conscience du prix à payer pour un monde aussi dur que celui de l'argent roi. La pros-

---

1. François Flahault, *Le Paradoxe de Robinson*, Mille et une nuits, 2005.
2. Jacques Généreux, *La Dissociété*, *op. cit.*
3. Frans de Waal, *Le Singe en nous*, Fayard, 2006.

périté économique se paie de trop de malheur social. Les perdants du système ne sont pas les seuls à souffrir d'une étouffante aliénation. L'aspiration à la responsabilité à l'égard des autres, générations futures comprises, remettra en cause les logiques du profit et du court terme. La volonté de participation aux décisions, facilitée par les progrès technologiques, entamera le monopole des dirigeants.

Avec le recul, le discours de droite de ce début de millénaire pourrait apparaître comme singulièrement archaïque. Travailler plus pour gagner plus, être meilleur que les autres, vouloir grimper dans l'échelle sociale, récompenser le mérite par l'argent : les slogans de Nicolas Sarkozy évoquent une société largement imaginaire. L'écho qu'ils rencontrent est à la mesure de l'angoisse qu'engendre la perte des repères et de la nostalgie qui imprègne de nombreux esprits. L'équivalence posée entre valeur personnelle, réussite matérielle et bonheur est aussi illusoire que datée. La droite se pare des plumes de la modernité alors qu'elle exploite des valeurs moribondes. Encore faudrait-il que la gauche réinvente un idéal en phase avec l'époque pour que l'on s'en rende compte.

Remerciements

Je remercie les personnalités qui ont bien voulu me rencontrer dans le cadre de la préparation de ce livre : Manuel Aeschlimann, Nicolas Baverez, Alain de Benoist, Alain Besançon, René Boudon, Jean-Claude Casanova, Franck Debié, Jacques Delpla, Patrick Devedjian, Nicolas Dupont-Aignan, François Ewald, Marcel Gauchet, Michel Guénaire, François Huguenin, Pierre Manent, Pierre-François Mourier, Hervé Novelli, Alain Rémond, Alain-Gérard Slama, Bruno Tertrais.

Index

Table des matières

TABLE DES MATIÈRES

Photocomposition Nord Compo
Villeneuve d'Ascq

Achevé d'imprimer en janvier 2007
par **Bussière**
à Saint-Amand-Montrond (Cher)
pour le compte de la librairie Arthème Fayard

35-57-3118-3/01

Dépôt légal : janvier 2007.
N° d'édition : 80652. – N° d'impression : 064430/4.

Imprimé en France